チャイニーズ・
サバイバル
for Biz

姫梅　Ji Mei

Survival Chinese Guide for Biz

Survival Chinese Guide for Biz

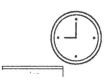

JN073743

音声ダウンロード

 音声再生アプリ「リスニング・トレーナー」(無料)

朝日出版社開発のアプリ、「リスニング・トレーナー(リストレ)」を使えば、教科書の音声をスマホ、タブレットに簡単にダウンロードできます。どうぞご活用ください。

まずは「リストレ」アプリをダウンロード

▶ App Store はこちら

▶ Google Play はこちら

アプリ【リスニング・トレーナー】の使い方

❶ アプリを開き、「コンテンツを追加」をタップ

❷ QRコードをカメラで読み込む

❸ QRコードが読み取れない場合は、画面上部に 45378 を入力し「Done」をタップします

QRコードは㈱デンソーウェーブの登録商標です

Web ストリーミング音声

http://text.asahipress.com/free/ch/survivalchinese/45378/

◆本テキストの音声は、上記のアプリ、ストリーミングでのご提供となります。
　本テキストにCD・MP3は付きません。

まえがき

　コロナ前の中国人観光客の来日ブームによって、空港、駅、ホテル、レストラン、百貨店、ドラッグストア、百円ショップまで、中国語で応対できる能力を求められていました。このテキストは、日本でいろんなサービスを提供する場面に応じてよく使うやさしいビジネス中国語を習得させるために作ったものです。

　本テキストのストーリーは、中国の会社に勤務する日本語が出来ない林雨薇さんの日本へのビジネス旅という設定です。初対面の自己紹介から日本へ出張にきて帰国するまで、林さんが日本や中国で出会った様々なシーンにおいて中国語での交流を再現しています。

　本テキストを作成にあたって、著者は次のことを重視しています。

1. ベーシック性

　学生の中国語レベルを合うように、初級の文法や文型を基本として、単語はHSK 3級の難易度と設定しています。生活、仕事などの場面で基本的なコミュニケーションをとることができ、中国語で対応できるということを目標としています。

2. コミュニケーション性

　言葉遣いもビジネス用語の丁寧さや簡潔明瞭さを重視しています。ビジネス環境でコミュニケーションを円滑にとるために、文法的に正しいだけではなく、その場の状況に応じて、妥当的な表現（中国語で"得体性"といいますが）も必要です。中国語では日本語ほど敬語の表現が多くないですが、様々なシーンでビジネス的な丁寧、尊敬、親切などを表すビジネス的な表現を取り入れています。

3. 実用性

　日本でのさまざまなシーンを設定して、中国語を使っているという臨場感を味わいながら、学生たちに中国語が役に立つことを実感させ、中国語勉強が一層熱心になることを期待しています。本テキストでの会社と登場人物はすべてフィクションですが、空港やホテルは実在するものを用いており、フライトや到着離陸時間もコロナ前の実際のスケジュールを用いています。

　さらに、現実性や時代感を重視しています。中国のビジネスの現状に対する理解をより深めるために、毎課のトガキでは、中国社会、商習慣、中国語表現に関する豆知識を紹介しています。また、このテキストの主人公の林さんは、アメリカへ留学後帰国して起業をして、近年中国で新興著しい電子商取引ビジネスにおいて活躍した若者の代表として設定したものです。

　各課はトガキ、語句、本文、ポイント、すぐ役に立つフレーズ集、練習問題で構成され、全部で12課からなります。このテキストは学習者の中国語の習熟度によって半期でも通年でも使用することができます。

　本文すべて会話体で、そのまますぐに使える基本的な表現を多く取り入れました。ビジネス用語やサービス業接客表現など広い範囲の内容を含んでいるので、大学授業教材のほかに、一般の中国語学習者にも自分のニーズにあわせてご活用いただければ幸いです。

　最後に、本テキストの出版の機会を与えてくださった朝日出版社に感謝申し上げます。本テキストの企画段階から編集にいたるまで様々なアドバイスをくださった朝日出版社編集部の中西陸夫氏、トガキを作成をくださって、校正の労もとっていただいた林屋啓子氏、そして表紙を制作してくださったメディアアート様、本文デザインを担当してくださった小熊未央氏、イラストを描いてくださったSuwa Yoshiko氏に心よりお礼申し上げます。

2022年9月

姫　梅

Contents
目次

第 **1** 课
dì yī kè

自己紹介

（智）達電子商取引有限会社の林社長は、会社が軌道に乗ってきた今こそ海外に販路を広げるチャンスだと考えました。そこで華東輸出入商品交易会に展示ブースを確保し、海外企業に向けて最大限のアピールをするつもりでいます。◆中国ビジネスにおいては人脈作りが非常に大切、自分から積極的に働きかける必要があります。今回はできるだけ多くの企業に自分と自社システムを紹介しなくてはなりません。◆さて、自己紹介で欠かせないのが氏名です。ただ、中国では上位5つの姓、"王 Wáng""李 Lǐ""张 Zhāng（張）""刘 Liú（劉）""陈 Chén（陳）"だけでおよそ4億人にもなるので同姓は当たり前、通常はフ

ルネームを名乗ります。また、別の漢字と混同されないよう、"木子李 mù zǐ Lǐ""弓长张 gōng cháng Zhāng"のように説明を加えることもあります。◆林社長の場合は"双木林 shuāng mù Lín"と言えば分かりやすいですね。では"耳东 ěr dōng"は何という姓か分かりますか？──「耳偏に東」？答え

は"陈"です。確かに「こざと偏」の形は耳に似ているかもしれませんね。"三点水 sāndiǎnshuǐ"は？これは「さんずい偏」です。"草字头 cǎozìtóu"はどうでしょう？「草の頭」で「草冠」ですね。これを機に、自分の氏名の漢字を中国語でどう説明するのかも、ぜひ覚えておきましょう。

◁)) 1

語句

☆ 华东进出口商品交易会
　　Huádōng jìnchūkǒu shāngpǐn jiāoyì huì
　　華東輸出入商品交易会、通称"華交会"

☆ 公司 gōngsī　会社

☆ 商社 shāngshè　商社

☆ 业务代表 yèwù dàibiǎo　営業担当者

☆ 名片 míngpiàn　名刺

☆ 总经理 zǒngjīnglǐ　社長

☆ 认识 rènshi　知り合いになる

☆ 高兴 gāoxìng　うれしい

☆ 打算 dǎsuan
　　～をするつもりだ、～をする予定である

☆ 加强 jiāqiáng　強化する

☆ 网上 wǎngshang　オンライン

☆ 营销 yíngxiāo　経営と販売、マーケティング

☆ 对～感兴趣 duì～gǎn xìngqù　～対して興味がある

☆ 服务 fúwù
　　〈動詞〉サービスする、奉仕する〈名詞〉サービス

☆ 进一步 jìn yí bù　さらに、いっそう

☆ 了解 liǎojiě　知る、よくわかる

☆ 先生 xiānsheng　男性に対する敬称、英語の Mr. に相当する。

☆ 幸会 xìnghuì　〈挨拶慣用語〉得難い出会い、お会いできて、幸せです。

☆ 简介 jiǎnjiè　簡単な紹介・説明
　　公司简介：会社案内のパンフレット

☆ 期待 qīdài　期待する

☆ 合作 hézuò　提携する、協力する

自我介绍
Zì wǒ jièshào

 2

シーン1

Huádōng jìnchūkǒu shāngpǐn jiāoyì huìchǎng Zhìdá diànzǐ shāngwù yǒuxiàn gōngsī de zhǎntái qián

华东 进出口 商品 交易 会场 智达 电子 商务 有限 公司 的 展台 前

（華東輸出入商品交易会に出展している智達電子商取引有限会社の出展ブースの前にて）

三宅：
Nín hǎo! Wǒ shì Rìběn Dàhéshāngshè de yèwù dàibiǎo.
您 好！我 是 日本 大和商社 的 业务 代表。

Wǒ xìng Sānzhái, jiào Sānzhái Tuòyě. Qǐng duō guānzhào!
我 姓 三宅，叫 三宅 拓也。请 多 关照！

林：
Nín hǎo! Wǒ shì Zhìdágōngsī de, jiào Lín Yǔwēi.
您 好！我 是 智达公司 的，叫 林 雨薇。

Zhè shì wǒ de míngpiàn. Qǐng duō guānzhào!
这 是 我 的 名片。请 多 关照！

（二人が名刺を交換する）

三宅：
Lín zǒngjīnglǐ, rènshi nín hěn gāoxìng. Wǒmen shāngshè dǎsuan
林 总经理，认识 您 很 高兴。我们 商社 打算

jiāqiáng zài Zhōngguó de wǎngshang yíngxiāo. Wǒ duì guìgōngsī
加强 在 中国 的 网上 营销。我 对 贵公司

de yíngxiāo fúwù hěn gǎn xìngqù, xiǎng jìn yí bù liǎojiě yíxià.
的 营销 服务 很 感 兴趣，想 进 一 步 了解 一下。

林：
Sānzhái xiānsheng, xìnghuì! Xìnghuì! Zhè shì wǒmen gōngsī de
三宅 先生，幸会！幸会！这 是 我们 公司 的

jiǎnjiè. Hěn qīdài hé guìgōngsī de hézuò!
简介。很 期待 和 贵公司 的 合作！

1

1　名前の聞き方、言い方 3

名字を言うときは"姓"、名前を言う時は"叫"を使う。

A: 您贵姓？　　　　　　　　Nín guìxìng?

B: 免贵姓林。　　　　　　　Miǎn guì xìng Lín.

A: 您怎么称呼？　　　　　　Nín zěnme chēnghu?

B: 我姓林，叫林雨薇。　　　Wǒ xìng Lín, jiào Lín Yǔwēi.

A: 你叫什么名字？　　　　　Nǐ jiào shénme míngzi?

B: 我叫林雨薇。　　　　　　Wǒ jiào Lín Yǔwēi.

（免贵：〈謙虚語〉そんなに丁寧でなくて結構ですよ　称呼：呼び名）

2　"打算～"　～をする予定である、～をするつもり。 4

这个周末你打算干什么？　　Zhège zhōumò nǐ dǎsuan gàn shénme?

我打算明年去中国留学。　　Wǒ dǎsuan míngnián qù Zhōngguó liúxué.

（周末：週末）

3　"对～感兴趣"　～対して、興味を持っている。 5

我对中国的历史文化非常感兴趣。　　Wǒ duì Zhōngguó de lìshǐ wénhuà fēicháng gǎn xìngqù.

他对这个话题不太感兴趣。　　Tā duì zhège huàtí bútài gǎn xìngqù.

（历史文化：歴史文化　话题：話題）

すぐ役立つフレーズ集　初対面時によく使う表現

1. 自己紹介する時 6

我是〇〇公司的，我姓～、叫～。　　Wǒ shì ～ gōngsī de, wǒ xìng ～、jiào ～.
私は〇〇会社の者で、名字は～、名前は～と申します。

我是〇〇公司的(肩書、役職など)，叫～。　Wǒ shì ～ gōngsī de (　　　), jiào ～.
私は〇〇会社の(　　　)で、～と申します。

> 董事长 dǒngshìzhǎng 取締役会長、理事長　　总经理 zǒngjīnglǐ 社長
> 部长 bùzhǎng 部長、マネージャー　　科长 kēzhǎng 課長、係長

2. 初対面の挨拶 7

认识您很高兴！/ 很高兴认识您！　　Rènshi nín hěn gāoxìng! / Hěn gāoxìng rènshi nín!
お知り合いになれて大変うれしく思います。

幸会！ Xìnghuì!　お会いできて光栄です。

能认识您，感到很荣幸。Néng rènshi nín, gǎndào hěn róngxìng.
お目にかかれて、大変光栄に存じます。

（感到：感じる　荣幸：光栄である）

練習問題

1 発音を聞いて次の単語を漢字で書き、日本語の意味を言いなさい。 🔊 8

① _____ (　　　　) ② _____ (　　　　) ③ _____ (　　　　)

④ _____ (　　　　) ⑤ _____ (　　　　) ⑥ _____ (　　　　)

2 次のピンインを中国語の漢字に直して、熟読しなさい。 🔊 9

① Wǒ shì Rìběn Dàhéshāngshè de yèwù dàibiǎo.

② Wǒ xìng Sānzhái, jiào Sānzhái Tuòyě. Qǐng duō guānzhào!

③ Wǒ duì guìgōngsī de yíngxiāo fúwù hěn gǎn xìngqù, xiǎng jìn yí bù liǎojiě yíxià.

3 日本語の文の意味に合うように、中国語の語句を正しく並べ替えなさい。

① 三宅様、お知り合いになれて大変うれしいです。
高兴 / 先生 / 认识 / 三宅 / 很 / 您

② 来週土曜日、私は梅田へ買い物に行く予定です。　(买东西 mǎi dōngxi：買い物をする　梅田 Méitián：梅田)
买东西 / 我 / 下个星期六 / 打算 / 梅田 / 去

③ 私は貴社のオンラインサービスに大変興味があります。
对 / 网上 / 的 / 感兴趣 / 贵公司 / 服务 / 很 / 我

④ 彼は大和商社の社長です。
大和商社 / 他 / 的 / 总经理 / 是

4 次の日本語を中国語に訳しなさい。

① 私は〇〇大学の学生です。私は（自分の名前）と申します。どうぞよろしくお願いいたします。

② 貴社との提携がかなえばと願っております。

③ お目にかかることができて光栄です。

④ 私は日本の漫画に大変興味があります。　(漫画 mànhuà：漫画)

第 **2** 课

dì èr kè

電話をかける

ビジネスチャンスを逃さないためには、時を移さず行動しなければなりません。林社長は展示会で名刺交換をした大和商社の営業部長、三宅さんに電話をかけることにしました。大和商事は中国でのオンライン販売を視野に入れているそうですし、三宅さん本人は中国に駐在したこともあるそうで、ブースでは本業の話だけでなく、上海の「ビジネスあるある」で盛り上がったのです。

◆ただ、電話の場合、聞き間違いのリスクはできるだけ避けなければなりません。日本語では「1（イチ）」と「7（シチ）」が紛らわしいので「7（ナナ）」を使いますね。中国語でも"一 yī"と"七 qī"の混同を避けるため、電話番号や部屋番号など数字を一つずつ並べるときは"一"を"幺 yāo"と言い換えます。◆なお、ビジネスで外国語を使う場合、聞き返すのを遠慮してそのままあいまいに流してしまってはいけません。聞き取りに自信がないときやよくわからなかったときは、"请再说一遍 qǐng zài shuō yí biàn（もう一度言ってください）""请说慢点儿 qǐng shuō màn diǎnr（少しゆっくり話してください）"とお願いしましょう。◆ほかにも"听不懂 tīngbudǒng（聞いても意味がわかりません）""听不清楚 tīngbuqīngchǔ（はっきり聞こえません）"などの表現があります。

🔊 10

語句

☆同事 tóngshì　同僚
☆喂 wéi　もしもし（"wèi"とも発音する）
☆不好意思 bù hǎo yìsi　すみません
☆正在 zhèngzài　ちょうど〜している
☆开会 kāihuì　会議をする
☆转告 zhuǎngào　伝言する、代わって伝える
☆请 qǐng　①頼む、お願いする ②招く、呼ぶ

☆完 wán　終わる
☆后 hòu　〜の後、〜した後
☆给 gěi　電話や手紙などの受け手を導く、〜に
☆回 huí　返答する、返事する
☆回电话 huí diànhuà　折り返し電話する
☆一定 yídìng　きっと、絶対に、必ず

打电话
Dǎ diànhuà

🔊 11

シーン2

Liǎng tiān hòu Lín zǒngjīnglǐ gěi Sānzhái xiānsheng dǎlái diànhuà
两 天 后 林 总经理 给 三宅 先生 打来 电话
（二日後、林社長が三宅さんに電話をかけてきた）

同事：
Wéi! Dàhéshāngshè.
喂！ 大和商社。

林：
Wéi! Nín hǎo! Qǐngwèn Sānzhái xiānsheng zài ma?
喂！ 您 好！ 请问 三宅 先生 在 吗？

同事：
Qǐng wèn nín shì……
请 问 您 是……

林：
Wǒ shì Zhìdá Diànzǐ shāngwù yǒuxiàn gōngsī de, jiào Lín Yǔwēi.
我 是 智达 电子 商务 有限 公司 的，叫 林 雨薇。

同事：
Lín nǚshì, bù hǎo yìsi, Sānzhái xiānsheng zhèngzài kāihuì.
林 女士， 不 好 意思， 三宅 先生 正在 开会。

林：
Nà qǐng nín zhuǎngào tā yíxià, hǎo ma?
那 请 您 转告 他 一下， 好 吗？

Qǐng tā kāiwán huì hòu gěi wǒ huí ge diànhuà.
请 他 开完 会 后 给 我 回 个 电话。

Wǒ de diànhuà hàomǎ shì yāosānjiǔ yāo'èrsānsì wǔliùliùbā.
我 的 电话 号码 是 139 1234 5668。

同事：
Hǎo de, wǒ yídìng zhuǎngào.
好 的，我 一定 转告。

林：
Xièxie, zàijiàn!
谢谢， 再见！

1 "女士" 女性に対する一般的な敬称。英語の Ms. に相当する。 🔊 12

先生 xiānsheng　男性に対する敬称。英語の Mr. に相当する。

女士们，先生们！　Nǚshìmen, xiānshengmen!（"Ladies and Gentlemen" の中国語訳。）

2 "请" 〈兼語文〉人に〜をするように頼む 🔊 13

| A 请 B ＋ 動詞 | "请"の目的語が同時に後ろの動作の主語も兼ねる構文。「A が B に〜してもらう」、「A が B を〜に招待する」の意味。 |

明天三宅先生请林总经理吃饭。　Míngtiān Sānzhái xiānsheng qǐng Lín zǒngjīnglǐ chīfàn.

请大家上车吧。　Qǐng dàjiā shàngchē ba.　　（吃饭：食事をする　大家：皆、皆さん　上车：車に乗る）

3 結果補語　動詞の後に動詞や形容詞を付けて、動作の結果状態を表す。 🔊 14

肯定形：主語＋述語（動詞）＋結果補語＋（目的語）

否定形：主語＋没＋述語（動詞）＋結果補語＋（目的語）

肯定形は"了"を伴うことが多い。否定形は動詞の前に"没"を用いる。

要上课了，请大家坐好。　Yào shàngkè le, qǐng dàjiā zuòhǎo.　　（上课：授業が始まる）

今天的课，我没听懂。　Jīntiān de kè, wǒ méi tīngdǒng.　　（课：授業）

请他开完会后，给我回个电话。　Qǐng tā kāiwán huì hòu, gěi wǒ huí ge diànhuà.

よく使う結果補語

補語（動詞）	意味	使用例	補語（形容詞）	意味	使用例
完 wán	完了	吃完 chīwán（食べ終わる）	好 hǎo	完全にやり終わる	学好 xuéhǎo（習得する）
到 dào	実現する	买到 mǎidào（買って手に入れる）	光 guāng	何もない	卖光 màiguāng（売り切る）
懂 dǒng	理解する	看懂 kàndǒng（読んでわかる）	错 cuò	間違っている	说错 shuōcuò（言い間違える）
见 jiàn	見る、目や耳に入る	听见 tīngjiàn（聞こえる）	饱 bǎo	お腹いっぱいになる	吃饱 chībǎo（お腹いっぱいになる）
住 zhù	停止や固定する	记住 jìzhù（しっかりと覚える）	清楚 qīngchǔ	はっきりしている	写清楚 xiěqīngchǔ（はっきりと書く）

すぐ役立つフレーズ集　電話をかける時によく使う表現

1. 電話に出る時 🔊 15

喂 Wéi　もしもし　请问〜在吗? Qǐngwèn 〜zài ma?　お尋ねしますが、〜さんはいらっしゃいますか？

请〜接一下电话。Qǐng 〜jiē yíxià diànhuà.　〜さんをお願いします。

2. 伝言を頼む時 🔊 16

请转告〜，　Qǐng zhuǎngào 〜,　〜に伝えてください。

请转告〜一下。Qǐng zhuǎngào 〜yíxià.　ちょっと〜に伝えてください。

麻烦您转告〜一下。Máfan nín zhuǎngào 〜yíxià.　お手数をおかけしますが、〜に伝えていただけますか。

1 発音を聞いて次の単語を漢字で書き、日本語の意味を言いなさい。　🔊 17

① _____（　　　　　）　② _____（　　　　　）　③ _____（　　　　　）

④ _____（　　　　　）　⑤ _____（　　　　　）　⑥ _____（　　　　　）

2 次のピンインを中国語の漢字に直して、熟読しなさい。　🔊 18

① Wéi! Nínhǎo! Qǐngwèn Sānzhái xiānsheng zài ma?

_____

② Qǐng nín zhuǎngào tā yíxià, hǎo ma?

_____

③ Qǐng tā gěi wǒ huí ge diànhuà.

_____

3 日本語の文の意味に合うように、中国語の語句を正しく並べ替えなさい。

① すみませんが、社長はただいま会議中です。

正在 / 不好意思 / 总经理 / 开会

_____

② 林さんに折り返しお電話いただくようお願いします。

给 / 林先生 / 我 / 回 / 请 / 电话

_____

③ （私は）必ず彼に電話をかけます。

我 / 他 / 电话 / 给 / 打 / 一定

_____

④ 王先生に伝えていただけますか。

一下 / 转告 / 王老师 / 你 / 请

_____

4 次の日本語を中国語に訳しなさい。

① 私の携帯番号は 09012345678 です。　　　　　　　　　　　（携帯電話：手机 shǒujī）

_____

② 申し訳ございませんが、林社長はただいま会議中です。

_____

③ 先生にお伝えください。

_____

④ 私は明日、彼に折り返し電話をします。

_____

13

第3课 dì sān kè

日程調整

和商事の三宅さんが折り返し電話をかけてきてくれました。林社長としても他社に先駆けてサービスの売り込みをしたいところです。高品質の日本製品は中国人富裕層に一定の人気があり、販売促進の手法次第ではヒット商品になるかもしれません。◆日本でもネット上で大々的セールが展開される"光棍节 Guānggùn jié（独身の日／11月11日）"に、莫大な売り上げを叩き出す"网红 wǎnghóng（インフルエンサー）"が話題になることもありますね。◆さて、自社サービスの導入を決断してもらうためには、やはり直接見てもらうのが一番効果的でしょう。林社長は三宅さんにアポイントを取り、自社に招待するつもりです。◆なお、日本では日程調整をする際に「14時」「20時」など24時間制を使うことが多いのですが、中国では基本的に"早上 zǎoshang（朝／明け方から9時ごろまで）""上午 shàngwǔ（午前／9時ごろから昼前まで）""中午 zhōngwǔ（正午、お昼／11時ごろから13時ごろまで）""下午 xiàwǔ（午後／昼過ぎから夕方まで）""傍晚 bàngwǎn（夕方）""晚上 wǎnshang（夜／暗くなってから0時ごろまで）""夜里 yèli（夜中／0時ごろから明け方まで）"を付けて表現します。（　）内は一般的な目安ですが、だいたいこのような感覚で時間が区切られています。

語句

🔊 19

☆ 日程 rìchéng　日程
☆ 见面 jiànmiàn　会う、顔を合わす
☆ 实地考察 shídì kǎochá　実地調査をする、視察する
☆ 拜访 bàifǎng　〈謙譲語〉訪れる、訪問する
☆ 什么时候 shénme shíhou　いつ
☆ 比较 bǐjiào　〈副詞〉わりに、比較的に
☆ 方便 fāngbiàn　都合がよい
☆ 下（个）xià (ge)　次の
　　下个月 / 星期 / 学期（xuéqī 学期）
　　上（个）shàng (ge)　前の
　　上个月 / 星期 / 学期

☆ 可以 kěyǐ　よろしい
☆ 派 pài　手配する
☆ 接 jiē　（人を）迎える
☆ 麻烦 máfan　煩わしい、面倒である、厄介である
☆ 不用麻烦了 búyòng máfan le　おかまいなく、お気遣いなく
☆ 自己 zìjǐ　自分（で）
☆ 打车 dǎchē　車を拾う、タクシーに乗る
☆ 过去 guòqù　①（聞き手のところへ）行く　②過去、以前　③過ぎる、終わる

日程调整
Rìchéng tiáozhěng

🔊 20

3

シーン3
Lín zǒngjīnglǐ hé Sānzhái xiānsheng zài diànhuà li shāngliang jiànmiàn rìchéng
林 总经理 和 三宅 先生 在 电话 里 商量 见面 日程
（林社長は三宅さんと電話で打ち合わせの日程について話し合っている）

三宅： Lín zǒng, nín hǎo! Wǒ shì Sānzhái.
林 总，您 好！我 是 三宅。

林： Sānzhái xiānsheng, nín hǎo! Wǒ xiǎng qǐng nín lái wǒmen gōngsī
三宅 先生，您 好！我 想 请 您 来 我们 公司
shídì kǎochá yíxià.
实地 考察 一下。

三宅： Tài hǎo le, wǒ yě zhèng xiǎng qù guìgōngsī bàifǎng yíxià ne.
太 好 了，我 也 正 想 去 贵公司 拜访 一下 呢。

林： Nín shénme shíhou bǐjiào fāngbiàn ne?
您 什么 时候 比较 方便 呢？

三宅： Xià ge xīngqī'èr, xīngqīsān wǒ dōu kěyǐ.
下 个 星期二，星期三 我 都 可以。

林： Nà xià ge xīngqī'èr shàngwǔ jiǔ diǎn wǒ pài chē qù jiē nín ba?
那 下 个 星期二 上午 九 点 我 派 车 去 接 您 吧？

三宅： Búyòng máfan le, wǒ zìjǐ dǎchē guòqù. Wǒmen shí diǎn
不用 麻烦 了，我 自己 打车 过去。我们 十 点
zài guìgōngsī jiànmiàn, hǎo ma?
在 贵公司 见面，好 吗？

林： Hǎo de, hǎo de. Nà xià ge xīngqī'èr jiàn.
好 的，好 的。那 下 个 星期二 见。

1 "正 / 在 / 正在" ＋ 動詞　ちょうど〜している。動作の進行または状態の持続を表す。 🔊 21

我正想给你打电话。　　　　　Wǒ zhèng xiǎng gěi nǐ dǎ diànhuà.

我在看电视呢。　　　　　　　Wǒ zài kàn diànshì ne.

不好意思，三宅先生正在开会。Bù hǎo yìsi, Sānzhái xiānsheng zhèngzài kāihuì.

2 "呢" 語気助詞 🔊 22

① 疑問文の文末に用い、回答を促す。

你想吃什么呢？　　　　　　Nǐ xiǎng chī shénme ne?

你今天怎么没去学校呢？　　Nǐ jīntiān zěnme méi qù xuéxiào ne?

您什么时候方便呢？　　　　Nín shénme shíhou fāngbiàn ne?

② 平叙文の文末に用い、動作や状態の継続を表す。"正""正在"などとともに使うことが多い。

我在看电视呢。　　　　　　　Wǒ zài kàn diànshì ne.

我正给妈妈打电话呢。　　　　Wǒ zhèng gěi māma dǎ diànhuà ne.

我正想去贵公司拜访一下呢。Wǒ zhèng xiǎng qù guìgōngsī bàifǎng yíxià ne.

3 連動文　1つの主語に2つ以上の動詞を続ける文を連動文という。 🔊 23

主語＋動詞1＋（目的語1）＋動詞2＋（目的語2）

動詞は時間順で並べ、連動する動詞の間には「目的」や「手段」などの関係がある。

「手段」

我打车去公司。Wǒ dǎchē qù gōngsī.

中国人用筷子吃饭。（筷子：お箸）
Zhōngguórén yòng kuàizi chīfàn.

「目的」

我去图书馆借书。Wǒ qù túshūguǎn jiè shū.

我去问问。Wǒ qù wènwen.

すぐ役立つフレーズ集　日程調整をする時によく使う表現

1. 相手の都合を尋ねる 24

您 / 你 什么时候方便？ Nín / nǐ shénme shíhou fāngbiàn?　いつ都合がよろしいですか。

你什么时候有时间？ Nǐ shénme shíhou yǒu shíjiān?　いつ時間がありますか。　（有时间：時間がある）

您什么时候有空儿？ Nín shénme shíhou yǒu kòngr?　いつあいていますか。　（空儿：暇）

〜（提案する時間）有时间吗？/方便吗？ 〜yǒu shíjiān ma? / fāngbiàn ma? 〜なら都合がよろしいですか。

〜（提案する時間）怎么样？ 〜zěnmeyàng?　〜は、いかがですか。

2. 都合がよいときの返事 25

〜我可以 / 没问题　〜wǒ kěyǐ / méi wèntí.　〜なら、大丈夫です。

〜吧。〜ba.　〜にしましょうか。

練習問題

1 発音を聞いて次の単語を漢字で書き、日本語の意味を言いなさい。 🔊 26

① _____ ( ) ② _____ ( ) ③ _____ ( )

④ _____ ( ) ⑤ _____ ( ) ⑥ _____ ( )

2 次のピンインを中国語の漢字に直して、熟読しなさい。 🔊 27

① Wǒ xiǎng qù guìgōngsī bàifǎng yíxià.

_____

② Xià ge xīngqī nín fāngbiàn ma?

_____

③ Xià ge xīngqī'èr、xīngqīsān wǒ dōu kěyǐ.

_____

3 日本語の文の意味になるように、中国語の語句を正しく並べ替えなさい。

① いつご都合がよろしいですか。

时候 / 方便 / 您 / 什么

_____

② 私たちは明日2時に図書館で会いましょう。

见面 / 我们 / 吧 / 明天 / 图书馆 / 两点 / 在

_____

③ 三宅さんは毎日タクシーで会社に行きます。

公司 / 三宅 / 每天 / 去 / 打车 / 先生

_____

④ 私は来週木曜日に貴社を伺いたいと思っております。

我 / 贵公司 / 想 / 星期四 / 去 / 一下 / 下个 / 拜访

_____

4 次の日本語を中国語に訳しなさい。

① 私は貴社を訪問したいと思っております。

_____

② 林社長は車を手配して三宅さんを迎えにいきます。

_____

③ 私の父は地下鉄で通勤しています。　　　　　(地下鉄：地铁 dìtiě　通勤：上班 shàngbān)

_____

④ 明日何時に会いますか。

_____

飛行機で

林 社長は三宅さんを上海の本社に招き、自社サービスについて実績を交えて説明しました。今後の展望についても話し込み、かなりの好感触を得ています。林社長としては三宅さんの印象が強い間に大和商事を返礼訪問し、交渉を進めたいところです。当然、提携先を視察する目的もあります。そこで、さっそく大阪への航空券を予約しました。機内でも熱心に資料を読み込む林社長ですが、美味しいと評判の機内食も楽しみです。◆機内では飲み物や食べ物が選べますね。日本語では「ビールをください」のように言いますが、中国語では"一杯 yì bēi（1 杯）"のような数量詞を加えます。"杯"は助数詞（中国語で

は"量詞 liàngcí"）で、器に入ったものを数える点で日本語と同じですが、感覚がまったく違うものもあります。◆例えば中国語の助数詞"张 zhāng"は "纸 zhǐ（紙）" "桌子 zhuōzi（机）" "脸 liǎn（顔）"などに使いますが、これらの共通点は「平ら、平らな面が目立つもの」です。"条 tiáo"は "裤子 kùzi

（ズボン）" "狗 gǒu（犬）" "路 lù（道）" "生命 shēngmìng（生命）"などに使い、共通点は「細長いもの」です。「犬が？」と思いますが、走る姿を上から見ると「細長い」かもしれません。これからは助数詞にも注目してみましょう。

🔊 28

語句

- ☆ 广播 guǎngbō　放送、放送する
- ☆ 将 jiāng　まもなく～しようとしている
- ☆ 提供 tígōng　提供する
- ☆ 餐食 cānshí　食事
- ☆ 各种 gèzhǒng　さまざまな
- ☆ 饮料 yǐnliào　飲み物
- ☆ 欢迎 huānyíng　喜んで受け入れる
- ☆ 选用 xuǎnyòng　選んで使用する
- ☆ 用餐 yòngcān　食事をする
- ☆ 期间 qījiān　間、期間
- ☆ 调 tiáo　調整する
- ☆ 直 zhí　まっすぐである
- ☆ 座椅 zuòyǐ　椅子
- ☆ 靠背 kàobèi　背もたれ
- ☆ 以 yǐ　～するために
- ☆ 方便 fāngbiàn　便宜をはかる

- ☆ 后排 hòupái　後列
- ☆ 旅客 lǚkè　旅客
- ☆ 空乘 kōngchéng　客室乗務員
- ☆ 要～了 yào～le　もうすぐ～となる、まもなく～する
- ☆ 午餐 wǔcān　昼食
- ☆ 把 bǎ　〈前置詞〉～を
- ☆ 需要 xūyào　必要
- ☆ 番茄汁 fānqiézhī　トマトジュース
- ☆ 要 yào　ほしい
- ☆ 牛肉饭 niúròufàn　ビーフライス
- ☆ 还是 háishi　それとも
- ☆ 鱼肉饭 yúròufàn　魚ご飯
- ☆ 份 fèn　〈量詞〉部、一人前
- ☆ 入境卡 rùjìngkǎ　入国審査カード
- ☆ 海关申报表 hǎiguān shēnbàobiǎo　税関申告書

在飞机上
Zài fēijī shang

🔊 29

Lín zǒngjīnglǐ zuò fēijī cóng Shànghǎi fēiwǎng Dàbǎn
林 总经理 坐 飞机 从 上海 飞往 大阪
（林社長が上海から大阪への飛行機に乗っている）

Nǚshìmen, xiānshengmen! Wǒmen jiāng wèi nín tígōng cānshí jí gèzhǒng yǐnliào, huānyíng
（广播）女士们，先生们！我们 将 为 您 提供 餐食 及 各种 饮料，欢迎

xuǎnyòng. Zài yòngcān qījiān, qǐng nín tiáo zhí zuòyǐ kàobèi, yǐ fāngbiàn hòupái de
选用。 在 用餐 期间，请 您 调 直 座椅 靠背，以 方便 后排 的

lǚkè. Xièxie!
旅客。谢谢！

Duìbuqǐ, yào tígōng wǔcān le, qǐng bǎ zuòyǐ kàobèi tiáo
空乘：对不起，要 提供 午餐 了，请 把 座椅 靠背 调

zhí, hǎo ma?
直，好 吗？

Ò, hǎo de.
林：哦，好 的。

Xūyào shénme yǐnliào ma?
空乘：需要 什么 饮料 吗？

Gěi wǒ yì bēi fānqiézhī ba.
林：给 我 一 杯 番茄汁 吧。

Nín yào niúròufàn háishi yúròufàn?
空乘：您 要 牛肉饭 还是 鱼肉饭？

Wǒ yào yí fèn yúròufàn. Xièxie!
林：我 要 一 份 鱼肉饭。谢谢！

* * * * * * *

Xūyào rùjìngkǎ hé hǎiguān shēnbàobiǎo ma?
空乘：需要 入境卡 和 海关 申报表 吗？

Qǐng gěi wǒ yí fèn.
林：请 给 我 一 份。

4

1 （是）〜，还是〜　〜か、それとも〜か　🔊 30

你是日本人还是中国人？　Nǐ shì Rìběnrén háishi Zhōngguórén?

（你）喝啤酒还是喝茶？　（Nǐ）hē píjiǔ háishi hē chá?　（啤酒：ビール）

你打算今天去还是明天去？　Nǐ dǎsuan jīntiān qù háishi míngtiān qù?

2 "要〜了"，"快要〜了"　まもなく〜になる、時間が迫っていることを表す。　🔊 31

三宅先生要回日本了。　Sānzhái xiānsheng yào huí Rìběn le.

他的病快好了。　Tā de bìng kuài hǎo le.

快十二点了，睡觉吧。　Kuài shí'èr diǎn le, shuìjiào ba.　（病：病気　睡觉：寝る）

3 "把"構文 (1)　🔊 32

主語＋把＋目的語＋動詞＋その他の成分

前置詞"把"を用いて動作がかかわる対象に対してどんな処置をしたか、処置によってどのような結果になったかを表す。述語動詞は単純なものであってはならず、その動詞を重ねるか、以下のようなさまざまな「その他の成分」を伴う必要がある。

① "了"、"着"　② 目的語（間接目的語）　③ 補語（可能補語を除く）

否定副詞、可能や願望を表す助動詞は"把"の前に置く。

请把手机关了。　Qǐng bǎ shǒujī guān le.　（关：電源を切る）

我不想把那件事告诉妈妈。　Wǒ bù xiǎng bǎ nèi jiàn shì gàosu māma.　（告诉：知らせる、教える）

你把自己的房间打扫打扫吧。　Nǐ bǎ zìjǐ de fángjiān dǎsǎodasao ba.　（打扫：掃除する）

4 疑問詞＋"吗"　なにか、不定を表す　🔊 33

你要什么饮料吗？　Nǐ yào shénme yǐnliào ma?　（比較：你要什么饮料？）

你去哪儿吗？　Nǐ qù nǎr ma?　（比較：你去哪儿？）

 すぐ役立つフレーズ集　物を頼む時によく使う表現

1. 物を頼む時に使う表現　🔊 34

请给我一杯啤酒。　Qǐng gěi wǒ yì bēi píjiǔ.　ビールを1杯ください。

我要两张去上海的机票。　Wǒ yào liǎng zhāng qù Shànghǎi de jīpiào.　上海への航空券を2枚ください。

我想要一条毯子。　Wǒ xiǎng yào yì tiáo tǎnzi.　毛布が1枚ほしいです。　（毯子：毛布）

2. 感謝を表す表現　🔊 35

谢谢！Xièxie! ありがとう。　　多谢，多谢！Duōxiè, duōxiè! どうもありがとう。

太感谢您了！Tài gǎnxiè nín le! 本当にありがとうございます。

1 発音を聞いて次の単語を漢字で書き、日本語の意味を言いなさい。 🔊 36

① ＿＿＿＿＿ （　　　　） ② ＿＿＿＿＿ （　　　　） ③ ＿＿＿＿＿ （　　　　）

④ ＿＿＿＿＿ （　　　　） ⑤ ＿＿＿＿＿ （　　　　） ⑥ ＿＿＿＿＿ （　　　　）

2 次のピンインを中国語の漢字に直して、熟読しなさい。 🔊 37

① Qǐng bǎ zuòyǐ kàobèi tiáo zhí!

＿＿＿＿＿＿＿＿＿＿＿＿＿＿＿＿＿＿＿＿＿＿＿＿＿＿＿＿＿

② Xūyào shénme yǐnliào ma?

＿＿＿＿＿＿＿＿＿＿＿＿＿＿＿＿＿＿＿＿＿＿＿＿＿＿＿＿＿

③ Nín yào niúròufàn háishi yúròufàn?

＿＿＿＿＿＿＿＿＿＿＿＿＿＿＿＿＿＿＿＿＿＿＿＿＿＿＿＿＿

3 日本語の文の意味に合うように、中国語の語句を正しく並べ替えなさい。

① 入国管理カードを 1 枚ください。

我 / 入境卡 / 一张 / 给 / 请

＿＿＿＿＿＿＿＿＿＿＿＿＿＿＿＿＿＿＿＿＿＿＿＿＿＿＿＿＿

② （私は）そのことを彼に教えなかった。

他 / 件 / 把 / 我 / 那 / 告诉 / 没 / 事

＿＿＿＿＿＿＿＿＿＿＿＿＿＿＿＿＿＿＿＿＿＿＿＿＿＿＿＿＿

③ お茶とトマトジュース、どちらを飲みますか。

茶 / 番茄汁 / 喝 / 你 / 喝 / 还是

＿＿＿＿＿＿＿＿＿＿＿＿＿＿＿＿＿＿＿＿＿＿＿＿＿＿＿＿＿

④ 何かお飲み物を召し上がりますか。

需要 / 吗 / 什么 / 饮料 / 您

＿＿＿＿＿＿＿＿＿＿＿＿＿＿＿＿＿＿＿＿＿＿＿＿＿＿＿＿＿

4 次の文を中国語に訳しなさい。

① ビーフライスを一つください。

＿＿＿＿＿＿＿＿＿＿＿＿＿＿＿＿＿＿＿＿＿＿＿＿＿＿＿＿＿

② 中国語と英語、どちらを勉強しますか。

＿＿＿＿＿＿＿＿＿＿＿＿＿＿＿＿＿＿＿＿＿＿＿＿＿＿＿＿＿

③ 携帯電話の電源を切ってください。（"把" を使って）

＿＿＿＿＿＿＿＿＿＿＿＿＿＿＿＿＿＿＿＿＿＿＿＿＿＿＿＿＿

④ 私は税関申告書が 1 枚ほしい。

＿＿＿＿＿＿＿＿＿＿＿＿＿＿＿＿＿＿＿＿＿＿＿＿＿＿＿＿＿

入国の手続き

林 社長は無事大阪に到着し、入国手続きを待っています。初めての日本、今回の出張が会社の飛躍への分岐点になるかもしれません。一緒に会社を育ててきた仲間たちのことを思うと、自ずと身が引き締まります。◆さて、入国審査では入国の目的や期間などを尋ねられますね。林社長の場合は滞在期間が「一週間前後」、中国語では"一个星期左右 yí ge xīngqī zuǒyòu"です。「前後」が"左右"になるなんて面白いですね。では「先週」はどう言うでしょう?答えは"上个星期 shàng ge xīngqī"です。そうなると「来週」は?そう、"下个星期 xià ge xīngqī"ですね。「先々週」は"上上个星期 shàng shàng ge xīngqī"なんですよ。ちなみに「今週」は"这个星期 zhèige xīngqī"、「この週」という意味です。なお、これらの"个"は省略しても構いません。◆同様に「月」で見てみると、「先月」「今月」「来月」は"上个月 shàng ge yuè""这个月 zhèige yuè""下个月 xià ge yuè"です。「昨日」「今日」「明日」は分かりやすいですよ。"昨天 zuótiān""今天 jīntiān""明天 míngtiān"、ほら、日本人には簡単!ただ、気を抜いてはいけません。「おととい」と「あさって」は"前天 qiántiān""后天 hòutiān"です。これはうっかりすると間違えそうですね。では「年」は?「しあさって」はどうでしょう?ここからは宿題、自分で調べてみてください。

語句

- ☆ 入境 rùjìng 入国する
- ☆ 入境检查官 rùjìng jiǎncháguān 入国審査官 中国では"边检(biānjiǎn)"という
- ☆ 下一位 xià yí wèi 次の方
- ☆ 护照 hùzhào パスポート
- ☆ 以前 yǐqián 以前
- ☆ 第一次 dì yī cì 初めて、一回目
- ☆ 为什么 wèi shénme なぜ、どうして
- ☆ 出差 chūchāi 出張する
- ☆ 准备 zhǔnbèi ①~するつもりである、~する予定である ②準備する、用意する

- ☆ 待 dāi 滞在する
- ☆ 多长时间 duōcháng shíjiān どれぐらいの時間
- ☆ 左右 zuǒyòu ぐらい、前後
- ☆ 镜头 jìngtóu カメラのレンズ
- ☆ 不要 / 别 búyào/bié ～するな
- ☆ 动 dòng 動く
- ☆ 食指 shízhǐ 人差し指 (大拇指 dàmǔzhǐ:親指、中指 zhōngzhǐ:中指、无名指 wúmíngzhǐ:薬指、小拇指 xiǎomǔzhǐ:小指)
- ☆ 放 fàng 置く
- ☆ 按 àn 押す

入境手续
Rùjìng shǒuxù

🔊 39

シーン5

Lín zǒngjīnglǐ páiduì bànlǐ rùjìng shǒuxù
林 总经理 排队 办理 入境 手续
（林社長が入国手続きをするために並んでいる）

入境检查官：
Xià yí wèi. Bǎ hùzhào hé rùjìngkǎ gěi wǒ.
下 一 位。 把 护照 和 入境卡 给 我。

林：
Gěi nín.
给 您。

入境检查官：
Nǐ yǐqián láiguo Rìběn ma?
你 以前 来过 日本 吗？

林：
Méiyǒu, zhè shì dì yī cì.
没有， 这 是 第 一 次。

入境检查官：
Nǐ wèi shénme lái Rìběn?
你 为 什么 来 日本？

林：
Wǒ lái chūchāi.
我 来 出差。

入境检查官：
Nǐ zhǔnbèi dāi duōcháng shíjiān?
你 准备 待 多长 时间？

林：
Yí ge xīngqī zuǒyòu.
一 个 星期 左右。

入境检查官：
Qǐng kàn jìngtóu, búyào dòng, bǎ shízhǐ fàngzài zhèr,
请 看 镜头， 不要 动， 把 食指 放在 这儿，

àn yíxià. Hǎo le.
按 一下。 好 了。

林：
Xièxie.
谢谢。

5

1 "把"構文 (2) 〔🔊 40〕

"把"構文の述語動詞に付随する「その他の成分」は以下のような場合にも使える。

① "在""到""进""回"など処置した場所を表す補語となっている場合。

把食指放在这儿。	Bǎ shízhǐ fàngzài zhèr.
把书放在桌子上。	Bǎ shū fàngzài zhuōzi shang.
我把手机忘在公司了。	Wǒ bǎ shǒujī wàngzài gōngsī le.
把课本放进书包里。	Bǎ kèběn fàngjìn shūbāo li.	(书包:カバン)

② "给"のように処置したものを受け取る対象を表す場合。二重目的語の動詞の場合、「その他の成分」は間接目的語となる。

| 请把护照和入境卡给我。 | Qǐng bǎ hùzhào hé rùjìngkǎ gěi wǒ. |
| 把作业交给老师。 | Bǎ zuòyè jiāogěi lǎoshī. | (交:渡す) |

③ "成"など完成する意味を持つ単語が補語となる場合。

把这篇课文翻成日语。 Bǎ zhèi piān kèwén fānchéng Rìyǔ. （篇:〈量詞〉編　翻:翻訳する、訳す）

我想把日元换成人民币。 Wǒ xiǎng bǎ rìyuán huànchéng rénmínbì.

（日元:日本円　换:両替する　人民币:人民元）

2 "过" 助詞 〔🔊 41〕

| 動詞＋过 | 経験を示す。否定形： | 没（有）動詞＋过 |

| 你去过中国吗？ | Nǐ qùguo Zhōngguó ma? |
| 我以前没吃过纳豆。 | Wǒ yǐqián méi chīguo nàdòu. | (纳豆:納豆) |

3 "准备" 〜をするつもりだ、〜をする予定である。 〔🔊 42〕

| 今年暑假我准备去中国留学。 | Jīnnián shǔjià wǒ zhǔnbèi qù Zhōngguó liúxué. |
| 这个星期天我准备去梅田逛逛。 | Zhèige xīngqītiān wǒ zhǔnbèi qù Méitián guàngguang. |

（逛:ぶらぶら歩く、見物する）

すぐ役立つフレーズ集 　理由を尋ねる時によく使う表現 43

A: 你为什么迟到了？　Nǐ wèi shénme chídào le?　なぜ遅刻したんだ。

B:（因为）电车晚点了。　(Yīnwèi) diànchē wǎndiǎn le.　電車が遅れたから。

（因为:〜なので、〜のために　迟到:遅刻する　晚点:遅延する）

A: 你今天怎么没去学校？　Nǐ jīntiān zěnme méi qù xuéxiào?　なんで今日学校に行かなかったの。

B:（因为）我发烧了。　(Yīnwèi) wǒ fāshāo le.　熱があったから。（发烧:熱が出る）

1 発音を聞いて次の単語を漢字で書き、日本語の意味を言いなさい。 🔊 44

① ＿＿＿＿＿（　　　　　） ② ＿＿＿＿＿（　　　　　） ③ ＿＿＿＿＿（　　　　　）

④ ＿＿＿＿＿（　　　　　） ⑤ ＿＿＿＿＿（　　　　　） ⑥ ＿＿＿＿＿（　　　　　）

2 次のピンインを中国語の漢字に直して、熟読しなさい。 🔊 45

① Qǐng bǎ hùzhào hé rùjìngkǎ gěi wǒ.

＿＿＿＿＿＿＿＿＿＿＿＿＿＿＿＿＿＿＿＿＿＿＿＿＿＿＿＿＿＿＿＿

② Nǐ yǐqián láiguo Rìběn ma?

＿＿＿＿＿＿＿＿＿＿＿＿＿＿＿＿＿＿＿＿＿＿＿＿＿＿＿＿＿＿＿＿

③ Bǎ shízhǐ fàngzài zhèr, àn yíxià.

＿＿＿＿＿＿＿＿＿＿＿＿＿＿＿＿＿＿＿＿＿＿＿＿＿＿＿＿＿＿＿＿

3 日本語の文の意味に合うように、中国語の語句を正しく並べ替えなさい。

① あなたは以前中国へ行ったことがありますか。

去 / 吗 / 中国 / 以前 / 过 / 你

＿＿＿＿＿＿＿＿＿＿＿＿＿＿＿＿＿＿＿＿＿＿＿＿＿＿＿＿＿＿＿＿

② 携帯電話をカバンの中に入れてください。

放 / 把 / 书包 / 进 / 手机 / 里

＿＿＿＿＿＿＿＿＿＿＿＿＿＿＿＿＿＿＿＿＿＿＿＿＿＿＿＿＿＿＿＿

③ 林社長は来週日本へ出張に行く予定です。

去 / 下个 / 林总经理 / 出差 / 星期 / 准备 / 日本

＿＿＿＿＿＿＿＿＿＿＿＿＿＿＿＿＿＿＿＿＿＿＿＿＿＿＿＿＿＿＿＿

④ 私は韓国語を学んだことがありません。　　　　　　　（韓国語：韩语 Hányǔ）

过 / 没 / 学 / 我 / 韩语

＿＿＿＿＿＿＿＿＿＿＿＿＿＿＿＿＿＿＿＿＿＿＿＿＿＿＿＿＿＿＿＿

4 次の日本語を中国語に訳しなさい。

① あなたはフランス語を勉強したことがありますか。　　（フランス語：法语 Fǎyǔ）

＿＿＿＿＿＿＿＿＿＿＿＿＿＿＿＿＿＿＿＿＿＿＿＿＿＿＿＿＿＿＿＿

② 携帯電話を机の上に置いてください。

＿＿＿＿＿＿＿＿＿＿＿＿＿＿＿＿＿＿＿＿＿＿＿＿＿＿＿＿＿＿＿＿

③ カメラを見て、動かないでください。

＿＿＿＿＿＿＿＿＿＿＿＿＿＿＿＿＿＿＿＿＿＿＿＿＿＿＿＿＿＿＿＿

④ 私は日本に一か月滞在する予定です。

＿＿＿＿＿＿＿＿＿＿＿＿＿＿＿＿＿＿＿＿＿＿＿＿＿＿＿＿＿＿＿＿

空港のインフォメーションで

林 社長はまずホテルへ向かうことにしました。三宅さんの話では、空港からバスで行けるそうです。とりあえず、空港のインフォメーションで尋ねてみましょう。◆さて、日本語では「バスで行けますよ」と言えますが、中国語は必ず動詞"坐 zuò（座る）"を入れます。日本語で「車で行きます」と聞いても、相手が車を運転して行くのか、車で送ってもらうのか、それともタクシーで行くのかが分かりませんね。けれども中国語では"开车去 kāichē qù（車を運転して行く）""坐车去 zuòchē qù（誰かが運転する車に乗って行く）""打车去 dǎchē qù（タクシーで行く）""骑车去 qíchē qù（バイク／自転車で行く）"のように動詞で区別をつけることができます。"骑"は「またがって乗る」という意味です。"坐"は"飞机 fēijī（飛行機）""地铁 dìtiě（地下鉄）""船 chuán（船）"などに広く用い、"电梯 diàntī（エレベーター）"にも使います。◆乗り物の話題が出たついでに、"汽车 qìchē"はどういう意味でしょう？素直に考えれば「汽車」ですが、実は「自動車」で、「トヨタ自動車」は"丰田汽车 Fēngtián Qìchē"です。ちなみに"丰"がどうして「豊」なのかは繁体字を調べると分かりますよ。「汽車」の中国語も忘れずにチェックしておいてくださいね。

🔊 46

語句

☆问讯处 wènxùnchù　インフォメーション
☆酒店 jiǔdiàn　ホテル
　　新阪急酒店 Xīnbǎnjí jiǔdiàn
☆机场大巴 jīchǎngdàbā　空港リムジンバス
☆直达 zhídá　直通する
☆大巴站 dàbāzhàn　リムジンバス乗り場
☆航站楼 hángzhànlóu　ターミナルビル
☆前面 qiánmiàn　前
☆自动售票机 zìdòngshòupiàojī　券売機
☆就 jiù　〈副詞〉（肯定を強める）ほかでもない、絶対に
☆旁边 pángbiān　横、そば

☆出门 chūmén　外に出る
☆往 wǎng　〈前置詞〉〜に向かって、〜の方へ
☆拐 guǎi　曲がる
☆往左拐 wǎng zuǒ guǎi　左に曲がる
☆应该 yīnggāi　すべき
☆可以 kěyǐ　よかったら、〜しませんか
☆能 néng　できる
☆看到 kàndào　見かける、見える
☆又〜又〜 yòu〜yòu〜　〜でもあるし、〜でもある
☆先〜, 然后〜 xiān〜、ránhòu〜　まず〜、それから〜

在机场问讯处
Zài jīchǎng wènxùnchù

 47

シーン6

Lín zǒngjīnglǐ láidàole jīchǎng wènxùnchù
林 总经理 来到了 机场 问讯处
（林社長は空港のインフォメーションまで来た）

問讯处：
Nín hǎo!
您 好！

林：
Ní hǎo! Wǒ xiǎng qù Xīnbǎnjí jiǔdiàn, yīnggāi zěnme zuòchē?
你 好！我 想 去 新阪急 酒店，应该 怎么 坐车？

問讯处：
Nín kěyǐ zuò jīchǎng dàbā. Yǒu zhídá zhèige jiǔdiàn de
您 可以 坐 机场 大巴。有 直达 这个 酒店 的

dàbā, yòu kuài yòu fāngbiàn.
大巴，又 快 又 方便。

林：
Dàbāzhàn lí zhèr yuǎn ma?
大巴站 离 这儿 远 吗？

問讯处：
Bù yuǎn, jiù zài hángzhànlóu qiánmiàn. Xiān zài zìdòng shòupiàojī
不 远，就 在 航站楼 前面。先 在 自动 售票机

shang mǎi piào, ránhòu qù wǔ hào zhàn zuò dàbā.
上 买 票，然后 去 5 号 站 坐 大巴。

林：
Zìdòng shòupiàojī zài shénme dìfang?
自动 售票机 在 什么 地方？

問讯处：
Jiù zài dàbāzhàn pángbiān, chūle mén wǎng zuǒ guǎi jiù néng
就 在 大巴站 旁边，出了 门 往 左 拐 就 能

kàndào.
看到。

林：
Hǎo de, xièxie!
好 的，谢谢！

27

POINT

1 "应该" 助動詞 🔊 48

①「（道理から）～でなければならない」という意味を表す。～をすべきだ。否定は "不应该"。

我应该怎么办？　　　　　　　Wǒ yīnggāi zěnme bàn?　　　　（怎么办：どうしよう）
学好外语应该多听多说。　　　Xué hǎo wàiyǔ yīnggāi duō tīng duō shuō.
我错了，我今天不应该迟到。　Wǒ cuò le, wǒ jīntiān bù yīnggāi chídào.

②「（状況から）必ずそうだろう」と推定する。～のはずだ。

今天星期天，他应该不在公司。　Jīntiān xīngqītiān, tā yīnggāi bú zài gōngsī.
我好好复习了，考试应该没问题。Wǒ hǎohao fùxí le, kǎoshì yīnggāi méi wèntí.

2 "先～，然后～" 行為の順序を表す副詞、「まず～、それから～」 🔊 49

咱们先吃饭然后开会。　　　　Zánmen xiān chīfàn ránhòu kāihuì.
我每天先复习，然后做作业。　Wǒ měitiān xiān fùxí, ránhòu zuò zuòyè.
咱们先去酒店，然后去买东西。Zánmen xiān qù jiǔdiàn, ránhòu qù mǎi dōngxi.

3 "又～又～"（～でもあり）また（～でもある） 🔊 50

她又漂亮又聪明。　　　　　　Tā yòu piàoliang yòu cōngmíng.　　（聪明：賢い）
这里的饭又好吃又便宜。　　　Zhèli de fàn yòu hǎochī yòu piányi.

4 方位詞　方向や位置を表す名詞である。

	shàng 上	xià 下	zuǒ 左	yòu 右	qián 前	hòu 后	lǐ 里	wài 外	páng 旁	duì 对
biān 边	上边	下边	左边	右边	前边	后边	里边	外边	旁边	
miàn 面	上面	下面	左面	右面	前面	后面	里面	外面		对面

 すぐ役立つフレーズ集　　道を尋ねる時によく使う表現 51

A: 我想去关西机场，应该怎么坐车？　Wǒ xiǎng qù Guānxī jīchǎng, yīnggāi zěnme zuò chē?
　　私は関西空港に行きたいのですが、どう行けばいいですか。

B: 你可以坐电车，也可以坐机场大巴。　Nǐ kěyǐ zuò diànchē, yě kěyǐ zuò jīchǎng dàbā.
　　電車に乗ってもいいし、空港リムジンバスに乗ってもいいですよ。

A: 请问洗手间在哪儿？　　Qǐngwèn xǐshǒujiān zài nǎr?　すみません、トイレはどこですか。

B: 一直走到头儿，往右拐。　Yìzhí zǒudào tóur, wǎng yòu guǎi.
　　突き当りまでまっすぐ行って、右に曲がってください。
　　（洗手间：トイレ　一直：まっすぐ　头儿：突き当り）

1 発音を聞いて次の単語を漢字で書き、日本語の意味を言いなさい。 🔊 52

① _____ (　　　　) 　② _____ (　　　　) 　③ _____ (　　　　)

④ _____ (　　　　) 　⑤ _____ (　　　　) 　⑥ _____ (　　　　)

2 次のピンインを中国語の漢字に直して、熟読しなさい。 🔊 53

① Wǒ xiǎng qù Xīnbǎnjí jiǔdiàn, yīnggāi zěnme zuò chē?

_____

② Xiān mǎi piào, ránhòu qù zuò dàbā.

_____

③ Chūle mén wǎng zuǒ guǎi.

_____

3 日本語の文の意味に合うように、中国語の語句を正しく並べ替えなさい。

① 私は梅田に行きたいのですが、どのように行けばいいですか。

怎么 / 我 / 去 / 应该 / 想 / 坐车 / 梅田

_____

② 空港リムジンバスに乗るのはいかがですか、便利で安いです。

坐 / 你 / 又 / 方便 / 又便宜 / 机场大巴 / 可以

_____

③ このドアを出て右に曲がってください。

拐 / 出 / 往 / 右 / 门 / 了

_____

④ 私たちはまず食事をして、それから買い物に行きます。

吃饭 / 买东西 / 我们 / 先 / 去 / 然后

_____

4 次の日本語を中国語に訳しなさい。

① 地下鉄に乗ればいいですよ。速くて便利です。　　　　　　　　　　（地下鉄：**地铁** dìtiě）

_____

② まず乗車券を買って、それから空港リムジンバスに乗ってください。

_____

③ ホテルはここから遠いですか。

_____

④ リムジンバス乗り場はどこにありますか。

_____

ホテルでチェックイン

林 社長はリムジンバスに乗り、ホテルへ到着しました。部屋に着いたら三宅さんのほか、上海の会社や家族にも連絡し、みんなを安心させましょう。

◆さて、林社長は「シングルルーム」を予約しています。中国語では"单人房 dānrénfáng"や"单人间 dānrénjiān"、"房间 fángjiān"は「部屋」という意味です。"双人房 shuāngrénfáng"は「ツインルーム」ですね。ちなみに"单数 dānshù""双数 shuāngshù"は「奇数」「偶数」を表します。日本ではお祝いに「3万円」や「5万円」など奇数を選ぶことが多いですが、中国では偶数のほうが好まれるので「600元」や「800元」を包んだり、対の品物を贈ったりします。

◆中国のガイドブックがあれば、ホテルの電話番号に注目してみてください。「8866」や「6868」など、「8」や「6」が目立ちますね。

実は"八 bā"は発音が似ていることから"发 fā(裕福になる／発展する)"に通じるとされ、"六 liù"は"六六大顺 liù liù dà shùn(万事順調)"と、どちらも縁起がいいのです。日本で敬遠されがちな"九 jiǔ"も"久 jiǔ(永遠)"と発音が同じで喜ばれます。良い数字の

電話番号などは高値で売買されますよ。◆では、敬遠される数字は？こちらは"四 sì"、理由も日本語と同じで"死 sǐ(死)"を連想させるからです。偶数なら良いというわけではないので要注意！

🔊 54

語句

☆ 入住 rùzhù　チェックイン
　退房 tuìfáng　チェックアウト
☆ 前台 qiántái　フロント
☆ 预订 yùdìng　予約する
☆ 间 jiān　〈量詞〉部屋を数えるときに使う
☆ 单人房 dānrénfáng　シングルルーム
　双人房 shuāngrénfáng　ツインルーム

☆ 请稍等 qǐng shāo děng　少々お待ちください
☆ 房间 fángjiān　部屋
☆ 钥匙 yàoshi　鍵
☆ 无线 wúxiàn　無線
☆ 上网 shàngwǎng　インターネットにアクセスする
☆ 密码 mìmǎ　暗証番号、パスワード

入住酒店
Rùzhù jiǔdiàn

🔊 55

シーン7
Lín zǒngjīnglǐ zài jiǔdiàn qiántái dēngjì rùzhù
林 总经理 在 酒店 前台 登记 入住
（林社長がホテルのフロントでチェックインしている）

前台服务员：
Nín hǎo! Yào rùzhù ma?
您 好！要 入住 吗？

林：
Shì de, wǒ shì zài wǎngshang yùdìng de.
是 的，我 是 在 网上 预订 的。

前台服务员：
Qǐng gěi wǒ kàn yíxià nín de hùzhào.
请 给 我 看 一下 您 的 护照。

Lín nǚshì, nín dìngle yì jiān dānrénfáng, wǔ ge wǎnshang.
林 女士，您 订了 一 间 单人房，五 个 晚上。

林：
Duì.
对。

前台服务员：
Qǐng shāo děng. Zhè shì nín de fángjiān yàoshi.
请 稍 等。这 是 您 的 房间 钥匙。

Nín de fángjiān shì jiǔlíngwǔ, zài jiǔ lóu.
您 的 房间 是 905，在 九 楼。

林：
Fángjiān li kěyǐ shàngwǎng ma?
房间 里 可以 上网 吗？

前台服务员：
Měi ge fángjiān dōu yǒu wi-fi, kěyǐ wúxiàn shàngwǎng,
每 个 房间 都 有 Wi-Fi，可以 无线 上网，

zhè shì mìmǎ.
这 是 密码。

林：
Xièxie.
谢谢。

1 "是～的" 56

過去に行われた動作、あるいは以前から現在まで継続している動作の時間・場所・方法・条件・対象などについて強調するときに使われる。肯定文と疑問文では"是"を省略することができるが、否定文は"不是～的"で"是"を省略することができない。

你（是）和谁一起去的？　　　　Nǐ (shì) hé shéi yìqǐ qù de?

我是在网上预订的。　　　　Wǒ shì zài wǎngshang yùdìng de.

我不是打车来的，是坐大巴来的。　Wǒ bú shì dǎchē lái de, shì zuò dàbā lái de.

2 每＋量詞＋（名詞）＋都　すべての、全部の、例外がないことを強調する。 57

每个人都要测体温。Měi ge rén dōu yào cè tǐwēn.　　　　　（测体温：検温する）

她每天都打工。Tā měitiān dōu dǎgōng.　每个房间都有 Wi-Fi。Měi ge fángjiān dōu yǒu wi-fi.

3 "可以" 58

① 可能・能力を表す。「～（ら）れる、～ができる」。

我可以游五百米。Wǒ kěyǐ yóu wǔbǎi mǐ.

② 積極的な、アドバイスを表す。「よかったら、～（に）してはいかがですか」。

你可以坐机场大巴。Nǐ kěyǐ zuò jīchǎng dàbā.　你可以试试。Nǐ kěyǐ shìshi.

③ 許可を表す。「～てもよい」。否定は"不能"、"不行"を使う。

考试的时候可以看手机吗？　　Kǎoshì de shíhou kěyǐ kàn shǒujī ma?

不行。考试的时候不能看手机。　Bù xíng. Kǎoshì de shíhou bù néng kàn shǒujī.

4 "能" 59

① （能力や条件によって）「～ができる」、否定は"不能"、"動詞＋不了"を使う。

明天你能来吗？　Míngtiān nǐ néng lái ma?

我得打工，来不了。Wǒ děi dǎgōng, láibuliǎo.　　　　（打工：アルバイトをする）

② 許可を表す。「～が許される・できる」、多くは疑問または否定に用いる。

这儿能照相吗？　　Zhèr néng zhàoxiàng ma?

这里不能抽烟。　　Zhèlǐ bù néng chōuyān.

すぐ役立つフレーズ集　宿泊手続をする時によく使う表現 60

我想要一间双人房。　Wǒ xiǎng yào yì jiān shuāngrénfáng.　ツインルームを1部屋お願いします。

请填写一下住宿登记表。　Qǐng tiánxiě yíxià zhùsù dēngjìbiǎo.　宿泊カードのご記入をお願いいたします。

可以刷卡吗？　Kěyǐ shuākǎ ma?　クレジットカードは使えますか。

请问，退房时间是几点？　Qǐngwèn, tuìfáng shíjiān shì jǐ diǎn?　すみません、チェックアウトは何時ですか。

（填写：記入する　住宿登记表：宿泊カード　刷卡：クレジットカードで支払う）

練習問題

1 発音を聞いて次の単語を漢字で書き、日本語の意味を言いなさい。 🔊 61

① _____ (　　　) ② _____ (　　　) ③ _____ (　　　)

④ _____ (　　　) ⑤ _____ (　　　) ⑥ _____ (　　　)

2 次のピンインを中国語の漢字に直して、熟読しなさい。 🔊 62

① Wǒ shì zài wǎngshang yùdìng de.

② Qǐng shāo děng.　Zhè shì nín de fángjiān yàoshi.

③ Měi ge fángjiān dōu kěyǐ shàngwǎng, zhè shì mìmǎ.

3 日本語の文の意味に合うように、中国語の語句を正しく並べ替えなさい。

① パスポートをちょっと見せてください。

给 / 请 / 您 / 我 / 一下 / 的 / 护照 / 看

② あなたの部屋は8階にあります。

房间 / 您 / 八楼 / 的 / 在

③ どの部屋でもインターネットとつなぐことができます。

都 / 上网 / 房间 / 可以 / 每个

④ 私はネットでシングルルームを1部屋予約しました。

单人房 / 一个 / 订 / 在网上 / 了 / 我

4 次の日本語を中国語に訳しなさい。

① チェックインされますか。

② 私は毎日アルバイトをしています。

③ 私はリムジンバスで空港に来たのです。

④ どの部屋にも Wi-Fi はありますか。

会社訪問

翌日、林社長は大和商事を訪問しました。三宅さんは社内での根回しや提携の準備を整えてくれているとのことです。この周到さとスピード感は、ビジネスパートナーとして頼もしい限りです。さあ、三宅さんとの再会です。◆なお、中国のビジネスシーンでは握手が一般的になってきているので、相手の目を見て堂々と挨拶しましょう。また、契約書を交わす際、日本では「双方が誠意をもって」などの文言を入れることもありますが、あいまいな表現ではなく、細部まで定める方が望ましいでしょう。◆ただ、中国では文書以上に、人間関係が重視されます。ときに「中国はコネ社会だ」と言われることがあり

ますね。「コネ(中国語では"关系 guānxi")」と聞くと「不公平だ」と思うかもしれませんが、これは「人脈」と捉えましょう。中国人は「ほかならぬ彼に頼まれたのなら」と、自分で無理なら知人の人脈も使って何とか希望をかなえようとします。当然、相手にも同様の働きを期待します。◆ですか

ら、中国人との関係を強くしたければ、相手の力になりそうな人を紹介するなど、"可靠的人 kěkào de rén(頼りになる人)"と認識してもらいましょう。その積み重ねが信頼を厚くし、人脈を広げ、中国での強力な武器となります。

🔊 63

語句

- ☆ 接待员 jiēdàiyuán　受付係
- ☆ 市场部 shìchǎngbù マーケティング部
- ☆ 约好 yuēhǎo　約束した
- ☆ 欢迎光临 huānyíng guānglín　ようこそいらっしゃいませ
- ☆ 光临 guānglín　ご来訪
- ☆ 又 yòu　また
- ☆ 见面 jiànmiàn　対面する、顔を合わせる
- ☆ 法务部 fǎwùbù　法務部
- ☆ 签署 qiānshǔ　署名する
- ☆ 文件 wénjiàn　文書

- ☆ 商量 shāngliang　打ち合わせる、協議する
- ☆ 具体 jùtǐ　具体的な、具体的に
- ☆ 业务 yèwù　業務
- ☆ 为 wèi　～のために
- ☆ 接风 jiēfēng　(遠来の客のために)歓迎宴会を開く。(接风洗尘 jiēfēng xǐchén)
- ☆ 您看 nín kàn　ご意見は
- ☆ 安排 ānpái　手配する、(物事の)手配
- ☆ 没问题 méi wèntí　大丈夫である
- ☆ 麻烦您了 máfan nín le　お手数をおかけしました

拜访公司
Bàifǎng gōngsī

 64

シーン8 Zǎoshang jiǔ diǎn wǔshí fēn, Lín zǒngjīnglǐ láidào Dàhéshāngshè jiēdàichù
早上 9:50, 林 总经理 来到 大和商社 接待处
（朝9時50分、林社長が大和商社の受付カウンターまで来た）

接待员：
Nín hǎo!
您 好！

林：
Nín hǎo! Wǒ jiào Lín Yǔwēi. Wǒ hé shìchǎngbù de Sānzhái
您 好！我 叫 林 雨薇。我 和 市场部 的 三宅
xiānsheng yuēhǎole shí diǎn jiànmiàn.
先生 约好了 十 点 见面。

接待员：
Hǎo de. Qǐng shāo děng yíxià.
好 的。请 稍 等 一下。

（しばらくして、三宅さんが林社長を迎えにきた）

三宅：
Nín hǎo, Lín zǒng. Huānyíng guānglín wǒmen gōngsī.
您 好，林 总。欢迎 光临 我们 公司。

林：
Nín hǎo! Sānzhái xiānsheng, wǒmen yòu jiànmiàn le.
您 好！三宅 先生，我们 又 见面 了。

三宅：
Jīntiān shàngwǔ wǒmen xiān qù fǎwùbù qiānshǔ hézuò wénjiàn,
今天 上午 我们 先 去 法务部 签署 合作 文件，
xiàwǔ zài hé shìchǎngbù shāngliang yíxià jùtǐ yèwù.
下午 再 和 市场部 商量 一下 具体 业务。
Wǎnshang wèi nín jiēfēng. Nín kàn zhèyàng ānpái xíng ma?
晚上 为 您 接风。您 看 这样 安排 行 吗？

林：
Wǒ méi wèntí. Máfan nín le!
我 没 问题。麻烦 您 了！

1 "又" 副詞 🔊 65

動作や状態が相次いでもしくは交互に発生すること、動作が再び発生したことを表す。

他今天又来了。Tā jīntiān yòu lái le.

这部电影太好看了，我又看了一遍。Zhèi bù diànyǐng tài hǎokàn le, wǒ yòu kànle yí biàn.

（好看：面白い）

2 "再" 副詞 🔊 66

⑴ まだ実現していない動作、あるいは経常的な動きに多く用いる。再び、また。

我明天再来。Wǒ míngtiān zài lái.

这部电影太好看了，我想再看一遍。Zhèi bù diànyǐng tài hǎokàn le, wǒ xiǎng zài kàn yí biàn.

⑵ ある動作が終わった後に、また一つの動作が行われる。〜してそれから。

先上车再买票。 Xiān shàngchē zài mǎi piào.

雨停了再走吧。 Yǔ tíng le zài zǒu ba.

（停：止む）

3 会社の組織図 🔊 67

董事会 dǒngshìhuì 取締役会　　董事长 dǒngshìzhǎng 取締役会長　　总经理 zǒngjīnglǐ 社長
生产部 shēngchǎnbù 生産部　　市场部 shìchǎngbù マーケティング部　　财务部 cáiwùbù 財務部
人事部 rénshìbù / 人力资源部 rénlì zīyuánbù 人事部　　技术研发部 jìshù yánfābù 研究開発部

すぐ役立つフレーズ集　会社の受付でよく使う表現 🔊 68

请问您有预约吗？　Qǐngwèn nín yǒu yùyuē ma? すみませんが、お約束されていますか。

我想见一下市场部的三宅先生。Wǒ xiǎng jiàn yíxià shìchǎngbù de Sānzhái xiānsheng.
マーケティング部の三宅さんにお会いしたいのですが。

请您填写一下来访者登记表。　Qǐng nín tiánxiě yíxià láifǎngzhě dēngjìbiǎo.
訪問カードのご記入をお願いいたします。

请跟我来。 Qǐng gēn wǒ lái. 私についてきてください。

这边请。 Zhèibiān qǐng. どうぞこちらへ。

（预约：予約する　来访者登记表：訪問カード　跟：後についていく　这边：こちら）

練習問題

1 発音を聞いて次の単語を漢字で書き、日本語の意味を言いなさい。 🔊 69

① ＿＿＿＿＿＿（　　　　　）　② ＿＿＿＿＿＿（　　　　　）　③ ＿＿＿＿＿＿（　　　　　）

④ ＿＿＿＿＿＿（　　　　　）　⑤ ＿＿＿＿＿＿（　　　　　）　⑥ ＿＿＿＿＿＿（　　　　　）

2 次のピンインを中国語の漢字に直して、熟読しなさい。 🔊 70

① Wǒ hé shìchǎngbù de Sānzhái xiānsheng yuēhǎole shí diǎn jiànmiàn.

_____

② Nínhǎo!　Wǒmen yòu jiànmiàn le.

_____

③ Wǎnshang wèi nín jiēfēng.

_____

3 日本語の文の意味に合うように、中国語の語句を正しく並べ替えなさい。

① 私は林社長と会社で会う約束をしました。

约好 / 我 / 公司 / 和 / 见面 / 了 / 林总经理 / 在

_____

② 彼はまた中国へ出張に行きました。

了 / 去 / 又 / 出差 / 他 / 中国

_____

③ 私たちはマーケティング部と具体的な業務の打ち合わせをしましょう。

商量 / 吧 / 我们 / 一下 / 具体 / 和 / 业务 / 市场部

_____

④ この文書にご署名をお願いいたします。

您 / 这份 / 请 / 一下 / 文件 / 签署

_____

4 次の日本語を中国語に訳しなさい。

① 三宅様、我が社へようこそ。

_____

② 今晩、林社長のために歓迎の席を設けます。

_____

③ このような予定ではいかがでしょうか。

_____

④ 私についてきてください。どうぞこちらへ。

_____

歓迎宴会

夜 は三宅さんたちが、宴席を設けてくれました。本格的な日本料理も楽しみですが、林社長はこの会で、大和商事とより強固な関係性を築くつもりです。◆中国ビジネスにおいて、互いの距離をぐっと近づける宴会は非常に大切です。中国式の宴会マナーについても知っておくといいですね。まず、一般的には中央奥に"主陪 zhǔpéi（ホスト）"が座り、"主宾 zhǔbīn（主賓）"はホストの右側、左側には"副宾 fùbīn（ゲスト側2番手）"、入口側に"副陪 fùpéi（ホスト側2番手）"が座ります。◆"干杯 gānbēi（乾杯）"は何度も行われ、文字通り「盃を干す」必要があります。ただ、酔って醜態を晒すのはもってのほかで

す。お酒に弱い人は、最初から「飲めない」と言うのが良いかもしれません。誰かの盃を受けて、別の人の盃を断ると失礼に当たるからです。◆主催者側の場合は、食事の量にも注意しましょう。中国でも食品ロス削減の運動はありますが、伝統的にはふんだんな食事でもてなします。上品な量のコー

ス料理だと、物足りないと思われるかもしれません。また、昼食もお弁当でなく、温かいものにしましょう。刺身などの生ものが苦手な人や"清真 qīngzhēn（イスラム教徒）"の人などもいるので、事前に好みを聞いておくと安心ですね。

🔊 71

語句

☆ 挺 tǐng 〈副詞〉なかなか、どうも、しばしば "挺" で修飾される形容詞や動詞の後に "的" をつける

☆ 有名 yǒumíng 有名な

☆ 订 dìng 注文する、予約する

☆ 套餐 tàocān コース料理

☆ 费心 fèixīn 気を遣う
　让您费心了 ご面倒をおかけしました

☆ 哪里 nǎli 〈挨拶語〉いやいや、どういたしまして

☆ 点儿 diǎnr 少し

☆ 尝 cháng 味わう

☆ 梅子酒 méizijiǔ 梅酒

☆ 为 wèi 〜のため

☆ 干杯 gānbēi 乾杯

☆ 招牌菜 zhāopáicài 看板料理

☆ 味道 wèidao 味

☆ 不错 búcuò よい

☆ 感谢 gǎnxiè 感謝する、感謝

☆ 盛情 shèngqíng 厚意、厚情

☆ 款待 kuǎndài ねんごろにもてなす
　盛情款待 心を込めてもてなす

☆ 下次 xiàcì 今度、次回

☆ 祝 zhù 心から願う、祈る

☆ 一路顺风 yílùshùnfēng 道中ご無事で

招待宴请
Zhāodài yànqǐng

🔊 72

シーン9　Sānzhái xiānsheng hé tóngshìmen yìqǐ wèi Lín zǒngjīnglǐ jiēfēng
三宅　先生 和 同事们 一起 为 林 总经理 接风
（日本料理店で三宅さんと同僚たちは林社長のために歓迎の宴会を開いた）

Lín zǒng, zhèi jiā diàn de rìběncài tǐng yǒumíng de, wǒ dìng de
三宅：林 总，这 家 店 的 日本菜 挺 有名 的，我 订 的

shì tàocān.
是 套餐。

Ràng nín fèixīn le.
林：让 您 费心 了。

Nǎli nǎli. Nín hē diǎnr shénme?
三宅：哪里 哪里。您 喝 点儿 什么？

Wǒ xiǎng chángchang méizijiǔ.
林：我 想 尝尝 梅子酒。

＊＊＊＊＊＊＊

Wèi huānyíng Lín zǒng lái Rìběn, gānbēi!
三宅：为 欢迎 林 总 来 日本，干杯！

Xièxie, wèi wǒmen de hézuò chénggōng gānbēi!
林：谢谢，为 我们 的 合作 成功 干杯！

Zhè shì zhèi jiā diàn de zhāopáicài, nín chángchang.
三宅：这 是 这 家 店 的 招牌菜，您 尝尝。

Ng, wèidao zhēn búcuò!
林：嗯，味道 真 不错！

＊＊＊＊＊＊＊

Gǎnxiè dàjiā de shèngqíng kuǎndài. Xiàcì wǒmen Shànghǎi jiàn!
林：感谢 大家 的 盛情 款待。下次 我们 上海 见！

Zhù nín yílùshùnfēng! Xiàcì zàijiàn!
三宅：祝 您 一路顺风！下次 再见！

1 動詞の重ね型　動作・行為が短い時間内に軽い試みとして行われることを表す。 🔊 73

一音節の動詞の重ね型の方法　AA　A—A

尝尝 chángchang，尝一尝 cháng yi chang

给我看看你的护照。 Gěi wǒ kànkan nǐ de hùzhào.

二音節の動詞の重ね型の方法　ABAB

商量商量 shāngliangshangliang

大家休息休息吧。 Dàjiā xiūxixiuxi ba.

2 "为" 前置詞 74

(1) 動作の受益者を導く。～のために。

为人民服务。 Wèi rénmín fúwù.　　　　　　　　　　　　（服务：サービスする、奉仕する）

为您接风。　　 Wèi nín jiēfēng.

(2) 原因や目的・動機を表す。～のために、～が原因で。

"为"の後ろに"了"をつけて使うことも多い。

为我们的合作成功干杯！　Wèi wǒmen de hézuò chénggōng gānbēi!

为了减肥，她每天跑步。　Wèile jiǎnféi, tā měitiān pǎobù.

（减肥：ダイエットする　跑步：ジョギングする）

3 "祝您一路顺风！" Zhù nín yílùshùnfēng! （道中ご無事で！） 75

祝大家身体健康！ Zhù dàjiā shēntǐ jiànkāng! （皆さまのご健康をお祈りします！）

祝你生日快乐！　 Zhù nǐ shēngri kuàilè! 　（お誕生日、おめでとう！）

すぐ役立つフレーズ集　宴会でよく使う表現

1. 乾杯するとき 🔊 76

为我们的合作成功干杯！Wèi wǒmen de hézuò chénggōng gānbēi! 我々の業務提携の成功を祈って乾杯！

为大家的健康干杯！　　 Wèi dàjiā de jiànkāng gānbēi! 皆様のご健康を祈って乾杯！

祝大家新年快乐，万事如意，干杯！　Zhù dàjiā xīnnián kuàilè, wànshì rúyì, gānbēi!

皆様が楽しい新年を迎え、万事うまくいくことを願って、乾杯！

2. お酒を応酬する時 🔊 77

A: 再来一杯吧。Zài lái yì bēi ba.　もう一杯いかがでしょうか。

B: 我酒量不行，不能再喝了。Wǒ jiǔliàng bùxíng, bù néng zài hē le.

私はあまり飲めないので、これ以上は無理です。

以茶代酒，我敬大家一杯。Yǐ chá dài jiǔ, wǒ jìng dàjiā yì bēi.

お酒の代わりにお茶で祝杯を挙げさせていただきます。

1 発音を聞いて次の単語を漢字で書き、日本語の意味を言いなさい。 🔊 78

① ＿＿＿＿＿ （　　　　） 　 ② ＿＿＿＿＿ （　　　　） 　 ③ ＿＿＿＿＿ （　　　　）

④ ＿＿＿＿＿ （　　　　） 　 ⑤ ＿＿＿＿＿ （　　　　） 　 ⑥ ＿＿＿＿＿ （　　　　）

2 次のピンインを中国語の漢字に直して、熟読しなさい。 🔊 79

① Zhù nín yílùshùnfēng!

＿＿＿＿＿＿＿＿＿＿＿＿＿＿＿＿＿＿＿＿＿＿＿＿＿＿＿＿＿＿＿＿＿＿＿＿

② Gǎnxiè dàjiā de shèngqíng kuǎndài.

＿＿＿＿＿＿＿＿＿＿＿＿＿＿＿＿＿＿＿＿＿＿＿＿＿＿＿＿＿＿＿＿＿＿＿＿

③ Wèi wǒmen de hézuò chénggōng gānbēi!

＿＿＿＿＿＿＿＿＿＿＿＿＿＿＿＿＿＿＿＿＿＿＿＿＿＿＿＿＿＿＿＿＿＿＿＿

3 日本語の文の意味に合うように、中国語の語句を正しく並べ替えなさい。

① この店の看板料理を味わってみてください。

请 / 家 / 这 / 招牌菜 / 店 / 的 / 尝尝

＿＿＿＿＿＿＿＿＿＿＿＿＿＿＿＿＿＿＿＿＿＿＿＿＿＿＿＿＿＿＿＿＿＿＿＿

② 日本の梅酒は結構おいしいです。

梅子酒 / 的 / 好喝 / 挺 / 日本的

＿＿＿＿＿＿＿＿＿＿＿＿＿＿＿＿＿＿＿＿＿＿＿＿＿＿＿＿＿＿＿＿＿＿＿＿

③ 皆様の心温まるおもてなしをいただき、ありがとうございました。

盛情 / 感谢 / 的 / 款待 / 大家

＿＿＿＿＿＿＿＿＿＿＿＿＿＿＿＿＿＿＿＿＿＿＿＿＿＿＿＿＿＿＿＿＿＿＿＿

④ 私たちの提携が成功することを祈って、乾杯！

干杯 / 合作 / 我们 / 成功 / 的 / 为

＿＿＿＿＿＿＿＿＿＿＿＿＿＿＿＿＿＿＿＿＿＿＿＿＿＿＿＿＿＿＿＿＿＿＿＿

4 次の日本語を中国語に訳しなさい。

① この商品は結構いいですよ。　　　　　　　　　　　　（商品：**商品** shāngpǐn）

＿＿＿＿＿＿＿＿＿＿＿＿＿＿＿＿＿＿＿＿＿＿＿＿＿＿＿＿＿＿＿＿＿＿＿＿

② これはこの店の看板料理です。

＿＿＿＿＿＿＿＿＿＿＿＿＿＿＿＿＿＿＿＿＿＿＿＿＿＿＿＿＿＿＿＿＿＿＿＿

③ 私は明日中国に帰ります。

＿＿＿＿＿＿＿＿＿＿＿＿＿＿＿＿＿＿＿＿＿＿＿＿＿＿＿＿＿＿＿＿＿＿＿＿

④ お誕生日、おめでとう。

＿＿＿＿＿＿＿＿＿＿＿＿＿＿＿＿＿＿＿＿＿＿＿＿＿＿＿＿＿＿＿＿＿＿＿＿

第 **10** 课

dì shí kè

デパートで買い物をする

翌日、林社長はデパートに向かいました。自分のものだけでなく、お世話になっている方の財布を選んだり、友人の化粧品を買ったり、会社の仲間たちにもそれぞれ良いものを選ばなくてはなりません。ついでに日本の人気商品もチェックしておきましょう。◆お土産選びも大変ですね。では、中国人客にはどんな商品が喜ばれるのでしょう。贈り物の場合は、高級に見えることが大事です。日本では「つまらないものですが」と謙遜する習慣がありますが、中国では「あなたのために良いものを選んだ」という気持ちを伝えることが大切です。伝統的には赤や金が好まれ、日本製であることもポイントです。◆逆に贈り物にはタブーもあります。例えば掛け時計や置時計は"送钟 sòng zhōng（置時計／掛け時計を贈る）"が"送终 sòngzhōng（葬式を出す）"と同じ発音なので贈ってはいけません。"散 sǎn（別れる）"を連想させる"伞 sǎn（傘）"や"扇子 shànzi（扇子）"も避けましょう。ハンカチ、靴、ネクタイなどもタブーです。ちなみに腕時計は"手表 shǒubiǎo"なので問題ありません。◆なお、来日した中国人は、人から買い物を頼まれている場合もあります。招待客に何か買いたいものがないか確認し、必要であればサポートしてあげるのもいいですね。

語句

 80

- ☆ 百货店 bǎihuòdiàn　デパート、百貨店
- ☆ 购物 gòuwù　買い物する
- ☆ 售货员 shòuhuòyuán　店員
- ☆ 套 tào　〈量詞〉セット
- ☆ 化妆品 huàzhuāngpǐn　化粧品
- ☆ 不过 búguò　しかし
- ☆ 卖光了 màiguāng le　売り切れになった
- ☆ 另外 lìngwài　ほかの
- ☆ 品牌 pǐnpái　ブランド
- ☆ 卖 mài　売る
- ☆ 让 ràng　させる
- ☆ 试用 shìyòng　試用する
- ☆ 支付宝 Zhīfùbǎo　Alipay（アリペイ）
- ☆ 用不了 yòngbuliǎo　使用できない
- ☆ 卡 kǎ　カード
- ☆ 银联卡 Yínliánkǎ　UnionPay（銀聯カード）
- ☆ 让您久等了 ràng nín jiǔ děng le　大変お待たせいたしました
- ☆ 发票 fāpiào　領収書
- ☆ 惠顾 huìgù　ご愛顧、ご来店

在百货店购物
Zài bǎihuòdiàn gòuwù

◁)) 81

シーン10
Lín zǒngjīnglǐ zài huíguó qián láidào bǎihuòdiàn gòuwù
林 总经理 在 回国 前 来到 百货店 购物
（林社長は帰国する前に、デパートへ買い物に来た）

售货员：
Huānyíng guānglín!
欢迎 光临！（林社長は携帯の写真を店員さんに見せる）

林：
Wǒ xiǎng kànkan zhèi tào huàzhuāngpǐn.
我 想 看看 这 套 化妆品。

售货员：
Zhēn duìbuqǐ, zhèige màiguāng le.
真 对不起，这个 卖光 了。

Búguò, zhèr yǒu lìngwài yí ge pǐnpái, mài de yě hěn hǎo.
不过，这儿 有 另外 一 个 品牌，卖 得 也 很 好。

林：
Ràng wǒ shìyòng yíxià, xíng ma?
让 我 试用 一下，行 吗？

售货员：
Dāngrán kěyǐ. Qǐng gēn wǒ lái.
当然 可以。请 跟 我 来。

****

林：
Wǒ yào liǎng tào. Kěyǐ yòng Zhīfùbǎo ma?
我 要 两 套。可以 用 支付宝 吗？

售货员：
Bù hǎo yìsi, Zhīfùbǎo yòngbuliǎo, Yínliánkǎ kěyǐ.
不 好 意思，支付宝 用不了，银联卡 可以。

（林社長は銀聯カードを店員さんに渡した）

售货员：
Ràng nín jiǔ děng le. Zhè shì nín de Yínliánkǎ hé fāpiào.
让 您 久 等 了。这 是 您 的 银联卡 和 发票。

Gǎnxiè nín de huìgù.
感谢 您 的 惠顾。

ポイント

1　可能の表現 (1)　－可能補語　　🔊 82

可能補語：動作をしてある結果が実現可能かどうかを表す。

| 動詞＋得＋結果補語 / 方向補語 | ～をすることができる |

| 動詞＋不＋結果補語／方向補語 | ～することができない |

用得了 yòngdeliǎo　　用不了 yòngbuliǎo

我听不懂汉语广播。 Wǒ tīngbudǒng Hànyǔ guǎngbō.

2　様態補語　　🔊 83

| 動詞＋得＋様態補語 |

動詞の後ろに形容詞を置き、動作がどんな状態に達しているかを表す。

卖得很好 mài de hěn hǎo　　卖得不好 mài de bù hǎo

動詞が目的語と様態補語を伴う場合、文型は次の2通りある。

① 主語＋動詞＋目的語＋動詞＋"得"＋様態補語

　　你　　说　　汉语　　说　　得　　真　好！ Nǐ shuō Hànyǔ shuō de zhēn hǎo!

② 主語＋目的語＋動詞＋"得"＋様態補語

　　你　　汉语　　说　　得　　真　好！　　　　　Nǐ Hànyǔ shuō de zhēn hǎo!

3　"让"〈使役文〉～をさせる　　🔊 84

| A（命令者）　让　B（実行者）＋動詞語句（動作） |

A が B に何らかの動作をさせることを表す。否定形は、"不"、"没"を使役動詞の前につけ、後ろの動詞にはつけない。

老师让我们写作业。　　　　Lǎoshī ràng wǒmen xiě zuòyè.
让我试用一下。　　　　　　Ràng wǒ shìyòng yíxià.
三宅先生没让林总派车。　　Sānzhái xiānsheng méi ràng Lín zǒng pài chē.

すぐ役立つフレーズ集　　接客する時によく使う表現

1. 挨拶　　🔊 85

欢迎光临！　　　　Huānyíng guānglín!　　　ようこそいらっしゃいませ。
感谢您的惠顾！　　Gǎnxiè nín de huìgù!　　　ご来店いただきありがとうございます。
欢迎下次再来！　　Huānyíng xià cì zài lái!　　またお越しくださいませ。

2. 支払い方法　　🔊 86

可以用～吗? Kěyǐ yòng ～ma?　～で支払うことができますか。
威士 (Wēishì) 卡：VISA，万事达 (Wànshìdá) 卡：Mastercard
运通 (Yùntōng) 卡：American Express，JCB卡：JCB，银联 (Yínlián) 卡：UnionPay
微信支付 (Wēixìn zhīfù)：WeChat Pay，支付宝 (Zhīfùbǎo)：Alipay

練習問題

1 発音を聞いて次の単語を漢字で書き、日本語の意味を言いなさい。 🔊 87

① _____ (   )   ② _____ (   )   ③ _____ (   )

④ _____ (   )   ⑤ _____ (   )   ⑥ _____ (   )

2 次のピンインを中国語の漢字に直して、熟読しなさい。 🔊 88

① Huānyíng guānglín!

_____

② Ràng nín jiǔ děng le.

_____

③ Gǎnxiè nín de huìgù.

_____

3 日本語の文の意味に合うように、中国語の語句を正しく並べ替えなさい。

① この化粧品はよく売れています。

很好 / 得 / 化妆品 / 卖 / 这个

_____

② 申し訳ありませんが、アリペイは使用できません。

用 / 不好意思 / 不 / 支付宝 / 了

_____

③ こちらはお客様のクレジットカードと領収書です。

发票 / 和 / 信用卡 / 是 / 这 / 您 / 的

_____

④ ちょっと試してみたいんですが、いいですか。

行吗 / 我 / 一下 / 想 / 试用

_____

4 次の日本語を中国語に訳しなさい。

① この商品は売り切れになりました。

_____

② この化粧品をちょっと試してみたいんですが。

_____

③ WeChat Pay で支払いができますか。

_____

④ またお越しくださいませ。

_____

第11课 dì shíyī kè　観光案内所で

林 社長は最終日をフリーにして、京都観光をするつもりです。大阪からは電車で30分、千年の時を超え唐の息吹が感じられる古都として、中国でも有名です。バスの路線が充実しているので、1日乗車券を買うのが便利でしょう。◆日本は中華圏で人気の観光地です。近い、漢字文化圏である、治安がいい、高品質な商品がある、人が親切だ、など理由はいろいろあって、インバウンド経済は今後も大きな成長が見込めます。初期は「爆買い」が話題になりましたが、リピーターが増えるにつれて体験を目的とした「コト消費」の需要も増加しています。◆さて、漢字があれば言語を知らなくても看板の意味が分ったり筆談ができたりしますが、ときに意味の異なる単語もあります。例えば銭湯ののれんにある「湯」、中国語では"汤 dāng（スープ）"になります。「床」は"床 chuáng（ベッド）"、「手紙」は"手纸 shǒuzhǐ（トイレットペーパー）"、「輸入」は"输入 shūrù（入力する）"と意外な意味になるものもありますよ。◆また、人間関係を表す単語では、"老婆 lǎopo"や"妻子 qīzi"はどちらも「妻」、"爱人 àiren"は「配偶者」、"大家 dàjiā"は「皆さん」の意味です。これらを日本語の意味で受け取ると、大変なことになるかもしれません。注意してくださいね。

語句 89

☆ 旅游咨询中心 lǚyóu zīxún zhōngxīn　観光案内所

☆ 旅游 lǚyóu　観光

☆ 咨询 zīxún　案内する、コンサルティング

☆ 要是 yàoshì　もし、もしも～なら

☆ ～的话 ～dehuà　～ということなら

☆ 建议 jiànyì　提案する、意見を出す

☆ 一日券 yírìquàn　1dayパス

☆ 之 zhī　の

☆ 内 nèi　中、うち

☆ 自由 zìyóu　自由である

☆ 乘坐 chéngzuò　乗る

☆ 指定 zhǐdìng　指定する

☆ 电车 diànchē　電車

☆ 公交车 gōngjiāochē　バス

☆ 既～又～ jì～yòu～　～であれば、～でもある

☆ 经济 jīngjì　経済的である

☆ 各种各样 gèzhǒng gèyàng　さまざまな

☆ 乘车区间 chéngchē qūjiān　乗車エリア

☆ 不同 bùtóng　異なる

☆ 价格 jiàgé　価格、値段

☆ 一样 yíyàng　同じである

☆ 站长 zhànzhǎng　駅長

☆ 站长室 zhànzhǎngshì　駅長室

在旅游咨询中心
Zài   lǚyóu zīxún zhōngxīn

◀)) 90

シーン11
Lín   zǒngjīnglǐ   láidào   yì   jiā   lǚyóu zīxún zhōngxīn
林 总经理 来到 一 家 旅游 咨询 中心
(林社長が観光案内所にやってきた)

咨询中心：
Nín   hǎo!   Huānyíng guānglín!
您 好！ 欢迎 光临！

林：
Nǐ   hǎo!   Wǒ xiǎng wèn yíxià,   yàoshì   qù   Jīngdū   lǚyóu   dehuà,
你 好！ 我 想 问 一下，要是 去 京都 旅游 的话，

zěnme   qù   bǐjiào   hǎo?
怎么 去 比较 好？

咨询中心：
Wǒ   jiànyì   nín mǎi   Bǎnjí   de   yírìquàn.   Yì   tiān zhī   nèi   kěyǐ   zìyóu
我 建议 您 买 阪急 的 一日券。一 天 之 内 可以 自由

chéngzuò zhǐdìng   de   diànchē   hé   gōngjiāochē,   jì   jīngjì   yòu   fāngbiàn.
乘坐 指定 的 电车 和 公交车，既 经济 又 方便。

林：
Yì   zhāng piào   duōshao qián?
一 张 票 多少 钱？

咨询中心：
Yǒu   gèzhǒng   gèyàng   de   yírìquàn,   chéngchē   qūjiān   bùtóng,
有 各种 各样 的 一日券，乘车 区间 不同，

jiàgé   yě   bù   yíyàng.
价格 也 不 一样。

林：
Zài   nǎli   néng   mǎidào   yírìquàn?
在 哪里 能 买到 一日券？

咨询中心：
Nín   kěyǐ   qù   Bǎnjí   chēzhàn   de   zhànzhǎngshì mǎi.
您 可以 去 阪急 车站 的 站长室 买。

林：
Hǎo   de,   xièxie!
好 的，谢谢！

1　可能な表現 (2)　　　🔊 91

能＋動詞＋結果補語／方向補語

我能看懂中文合同。　Wǒ néng kàndǒng Zhōngwén hétóng.

在哪里能买到一日券?　Zài nǎli néng mǎidào yírìquàn?

否定形：　動詞＋不＋結果補語／方向補語

我看不懂中文合同。　Wǒ kànbudǒng Zhōngwén hétóng.

2　"要是〜的话" もし〜なれば。仮定を表す。多く口語に用いる。　🔊 92

要是方便的话，我们一起去吧。Yàoshì fāngbiàn dehuà, wǒmen yìqǐ qù ba.　（一起：一緒に）

要是您感兴趣的话，我给您介绍介绍。
Yàoshì nín gǎn xìngqù dehuà, wǒ gěi nín jièshàojieshao.

3　"既〜又〜" 〜の上に〜だ。〜であり、〜でもある　🔊 93

机场大巴既方便又便宜。　Jīchǎng dàbā jì fāngbiàn yòu piányi.

这次旅行既轻松又有趣。　Zhèi cì lǚxíng jì qīngsōng yòu yǒuqù.

（轻松：気楽である　有趣：面白い）

すぐ役立つフレーズ集　提案する時によく使う表現

1. 建议：〜と提案する　🔊 94

我建议你买一日券。　Wǒ jiànyì nǐ mǎi yírìquàn.
1dayパスのご購入をお勧めします。

老师建议我去东京工作。　Lǎoshī jiànyì wǒ qù Dōngjīng gōngzuò.
先生は私に東京で働くよう勧めてくれました。

2. 可以：良かったら、〜はいかがですか　🔊 95

你可以买一日券。　Nǐ kěyǐ mǎi yírìquàn.
1dayパスを購入されるのはいかがですか。

您可以坐机场大巴，又便宜又方便。Nín kěyǐ zuò jīchǎng dàbā, yòu piányi yòu fāngbiàn.
空港リムジンバスに乗ったらいいですよ。安くて便利です。

1 発音を聞いて次の単語を漢字で書き、日本語の意味を言いなさい。 🔊 96

① ＿＿＿＿＿ （　　　　） ② ＿＿＿＿＿ （　　　　） ③ ＿＿＿＿＿ （　　　　）

④ ＿＿＿＿＿ （　　　　） ⑤ ＿＿＿＿＿ （　　　　） ⑥ ＿＿＿＿＿ （　　　　）

2 次のピンインを中国語の漢字に直して、熟読しなさい。 🔊 97

① Qù Jīngdū lǚyóu dehuà, zěnme qù bǐjiào hǎo?

_____

② Zài nǎli néng mǎidào yírìquàn?

_____

③ Jì jīngjì yòu fāngbiàn.

_____

3 日本語の文の意味になるように、中国語の語句を正しく並べ替えなさい。

① 京都市バスが一日乗り放題です。

乗坐 / 公交车 / 可以 / 自由 / 的 / 京都市 / 一天之内

_____

② 大阪駅の駅長室で購入ができます。

大阪站 / 站长室 / 到 / 能 / 在 / 的 / 买

_____

③ 彼は学校に通っている上に、アルバイトもしなければなりません。

他 / 要 / 要 / 又 / 打工 / 上学 / 既

_____

④ 我が社が大和商社と業務提携することを提案いたします。

建议 / 和 / 我们公司 / 我 / 大和商社 / 合作

_____

4 次の日本語を中国語に訳しなさい。

① 1dayパスのご購入をお勧めします。

_____

② さまざまな乗車券があります。

_____

③ チケットは一枚いくらですか。

_____

④ 1dayパスは便利でお得です。

_____

第12课 空港で搭乗の手続きをする

空港に着いた林社長は、今回の旅を振り返ってみました。たった1週間でしたが内容は濃く、上海を出発したのがずいぶん前に思えます。大阪―上海間は飛行機で2時間ほど、今後は何度もこの地を訪れることでしょう。◆これまで英語を学んできた林社長ですが、これを機に日本語の勉強も始めるつもりです。言語を学ぶことは意思疎通だけでなく、互いの文化や考え方を知ることでもあるからです。◆中国企業の発展には目を見張るものがあり、その急先鋒は「中国版GAFA」と呼ばれる「BATH」です。"**百度** Bǎidù（バイドゥ / Baidu）"、"**阿里巴巴** Ālǐbābā（アリババ / Alibaba）"、"**腾讯** Téngxùn（テンセント / Tencent）"、"**华为** Huáwéi（ファーウェイ / HUAWEI）"の頭文字を取ったもので、ほかにも "小米 Xiǎomǐ（シャオミ / Xiaomi）"や"**海尔集团** Hǎi'ěr Jítuán（ハイアール / Haier Group）"、"**联想集团** Liánxiǎng Jítuán（レノボ / Lenovo）"など、有名企業が名を連ねます。◆中国企業の特徴はスピード感、チャンスは臆することなく掴みにいきます。当然、日本と企業風土は異なりますが、国を越えたタッグを組む際は、双方が歩み寄り、理解と信頼を深めていきましょう。そして、言語は必ずその助けとなるはずです。

🔊 98

語句

☆工作人员 gōngzuò rényuán　職員、スタッフ
☆出示 chūshì　呈示する
☆机票 jīpiào　航空券
☆靠 kào　接近する、近くにある
☆靠窗 kào chuāng　窓際
☆过道 guòdào　通路
☆座位 zuòwèi　座席
☆托运 tuōyùn　託送する

☆托运行李 tuōyùn xíngli　預ける荷物
　手提行李 shǒu tí xíngli　手荷物
☆旅行箱 lǚxíngxiāng　スーツケース
☆倒 dǎo　横倒しになる
☆着 zhe　～をしている
☆登机牌 dēngjīpái　搭乗券
☆登机口 dēngjīkǒu　搭乗口
☆旅途 lǚtú　旅、道中
☆愉快 yúkuài　楽しい

dì shí'èr kè

在机场办理登机手续

Zài jīchǎng bànlǐ dēngjī shǒuxù

🔊 99

シーン12　Lín zǒngjīnglǐ zài jīchǎng bànlǐ dēngjī shǒuxù
林 总经理 在 机场 办理 登机 手续
（林社長が空港で搭乗の手続きをしている）

机场工作人员：
Nín hǎo! Qǐng chūshì yíxià hùzhào hé jīpiào.
您 好！ 请 出示 一下 护照 和 机票。

林：
Hǎo de, gěi nǐ.
好 的，给 你。

机场工作人员：
Xièxie. Nín yào kào chuāng de zuòwèi háishi yào kào guòdào de zuòwèi?
谢谢。您 要 靠 窗 的 座位 还是 要 靠 过道 的 座位？

林：
Wǒ xiǎng yào kào chuāng de zuòwèi.
我 想 要 靠 窗 的 座位。

机场工作人员：
Nín yǒu jǐ jiàn tuōyùn xíngli?
您 有 几 件 托运 行李？

林：
Liǎng jiàn. Zhè liǎng ge lǚxíngxiāng dōu yào tuōyùn.
两 件。 这 两 个 旅行箱 都 要 托运。

机场工作人员：
Qǐng bǎ xiāngzi fàngshànglái. Dǎozhe fàng.
请 把 箱子 放上来。 倒着 放。

林：
Hǎo de.
好 的。

机场工作人员：
Zhè shì nín de hùzhào hé dēngjīpái.
这 是 您 的 护照 和 登机牌。

Qǐng zài jiǔ diǎn sìshí fēn qián dào èrshiwǔ hào dēngjīkǒu dēngjī.
请 在 9 点 40 分 前 到 25 号 登机口 登机。

林：
Hǎo de, xièxie!
好 的，谢谢！

机场工作人员：
Búyòng xiè! Zhù nín lǚtú yúkuài!
不用 谢！ 祝 您 旅途 愉快！

12

1 **方向補語** 動詞の後ろに方向動詞を付けて、その動作が行われる方向を表す。 🔊 100

単純方向補語：来，去，上，下，进，出，过，回，起

複合方向補語：

	shàng 上	xià 下	jìn 进	chū 出	guò 过	huí 回	qǐ 起
lái 来	上来	下来	进来	出来	过来	回来	起来
qù 去	上去	下去	进去	出去	过去	回去	

请把箱子放上来。　　　Qǐng bǎ xiāngzi fàngshànglái.

目的語があれば、複合方向補語の間に割って入る。

老师走进教室来了。　　Lǎoshī zǒujìn jiàoshì lái le.

2 "着" 🔊 101

動詞1＋着＋動詞2

2つの動作が同時に進行することを表す。動詞1が動詞2の状態を表す。

倒着放。　　　　　　　　　Dǎozhe fàng.

弟弟在床上躺着玩手机。　Dìdi zài chuáng shang tǎngzhe wán shǒujī.

我喜欢听着音乐学习。　　Wǒ xǐhuān tīngzhe yīnyuè xuéxí.　　（床：ベッド　躺：横たわる　玩：遊ぶ）

3 意味上の受け身を表す文。動作の受け手が主語となり、動作、行為の送り手は示されない。 🔊 102

主語（受け手）＋述語（動詞）＋その他の成分

衣服洗干净了。　　　　Yīfú xǐgānjìng le.

手机忘在学校了。　　　Shǒujī wàngzài xuéxiào le.

这两个旅行箱都托运。　Zhè liǎng ge lǚxíngxiāng dōu tuōyùn.

すぐ役立つフレーズ集 空港で搭乗手続きをする時によく使う表現 🔊 103

请把外套脱下来放在盒子里。　Qǐng bǎ wàitào tuōxiàlái fàngzài hézi li.
上着を脱いでトレーに入れてください。　　　　　　　　　　　（外套：ジャケット　盒子：箱、トレー）

请把电脑 / 充电宝拿出来。　Qǐng bǎ diànnǎo / chōngdiànbǎo náchūlái.
パソコン / 充電器を出してください。　　　　　　　　　　　（充电宝：充電器　拿：持つ、取る）

请把保温杯里的水全倒出来。　Qǐng bǎ bǎowēnbēi li de shuǐ quán dàochūlái.
魔法瓶の水を全部捨ててください。　　　　　　　　　　　　（保温杯：魔法瓶　倒：注ぐ）

1 発音を聞いて次の単語を漢字で書き、日本語の意味を言いなさい。　🔊 104

① ＿＿＿＿＿（　　　　）　② ＿＿＿＿＿（　　　　）　③ ＿＿＿＿＿（　　　　）

④ ＿＿＿＿＿（　　　　）　⑤ ＿＿＿＿＿（　　　　）　⑥ ＿＿＿＿＿（　　　　）

2 次のピンインを中国語の漢字に直して、熟読しなさい。　🔊 105

① Nín yào kào chuāng de zuòwèi háishi yào kào guòdào de zuòwèi?

_____

② Wǒ yào tuōyùn liǎng ge lǚxíngxiāng.

_____

③ Zhù nín lǚtú yúkuài!

_____

3 日本語の文の意味に合うように、中国語の語句を正しく並べ替えなさい。

① 充電器をトレーの中に置いてください。

充电宝 / 盒子里 / 放 / 把 / 进 / 请

_____

② 10 時までに 21 番搭乗口に行って搭乗してください。

登机口 / 请 / 在 / 到 / 10 点 / 21 号 / 前 / 登机

_____

③ 音楽を聴きながら勉強しないでください。

听 / 别 / 学习 / 着 / 音乐

_____

④ 私はスーツケースを 2 個託送したいと思います。

两个 / 托运 / 想 / 旅行箱 / 我

_____

4 次の日本語を中国語に訳しなさい。

① 私は通路側の席がいい。

_____

② 預ける荷物はありますか。

_____

③ スーツケースを倒して置いてください。

_____

④ パスポートを呈示してください。

_____

12

索 引

数字は課を表す。囲まれている数字はポイントや練習問題の中に挙げられていることを表す。

NOTE

NOTE

NOTE

著者

姫 梅〔Ji Mei〕
大阪産業大学　非常勤講師

表紙	メディアアート
本文デザイン	小熊未央
本文イラスト	Suwa Yoshiko (SUGAR)
トガキ/校閲	林屋啓子
音声吹き込み	毛興華　姜海寧

***

チャイニーズ・サバイバル for Biz

***

検印
省略

© 2023 年 1 月 15 日　初版　発行

著　者　　　　　　　　　　　　　　　姫 梅

発行者　　　　　　　　　　　　小川　洋一郎
発行所　　　　　　　　　株式会社 朝 日 出 版 社
〒 101-0065　東京都千代田区西神田 3-3-5
電話 (03) 3239-0271・72 (直通)
振替口座　東京　00140-2-46008
欧友社／信毎書籍印刷
http://www.asahipress.com